Introdução à história do

catolicismo no Brasil

SÉRIE PRINCÍPIOS DE TEOLOGIA CATÓLICA

Introdução à história do
catolicismo no Brasil

Paulo Roberto Romanowski

Rua Clara Vendramin, 58 . Mossunguê
CEP 81200-170 . Curitiba . PR . Brasil
Fone: (41) 2106-4170
www.intersaberes.com
editora@intersaberes.com

Conselho editorial
Dr. Alexandre Coutinho Pagliarini
Dr.ª Elena Godoy
Dr. Neri dos Santos
M.ª Maria Lúcia Prado Sabatella

Editora-chefe
Lindsay Azambuja

Gerente editorial
Ariadne Nunes Wenger

Assistente editorial
Daniela Viroli Pereira Pinto

Preparação de originais
Ana Maria Ziccardi

Edição de texto
Letra & Língua Ltda. – ME

Capa e projeto gráfico
Iná Trigo (*design*)
Tatiana Kasyanova/Shutterstock
(imagem)

Diagramação
Rafael Ramos Zanellato

Designer responsável
Iná Trigo

Iconografia
Regina Claudia Cruz Prestes

1ª edição, 2023.
Foi feito o depósito legal.

Informamos que é de inteira responsabilidade do autor a emissão de conceitos.

Nenhuma parte desta publicação poderá ser reproduzida por qualquer meio ou forma sem a prévia autorização da Editora InterSaberes.

A violação dos direitos autorais é crime estabelecido na Lei n. 9.610/1998 e punido pelo art. 184 do Código Penal.

Dados Internacionais de Catalogação na Publicação (CIP)
(Câmara Brasileira do Livro, SP, Brasil)

Romanowski, Paulo Roberto
    Introdução à história do catolicismo no Brasil / Paulo Roberto Romanowski. -- Curitiba : Editora Intersaberes, 2023.
-- (Série princípios de teologia católica)

    Bibliografia.
    ISBN 978-65-5517-035-1

    1. Igreja e Estado – História 2. Igreja Católica – Brasil – História I. Título. II. Série.

22-134701   CDD-282.0981

Índices para catálogo sistemático:
1. Brasil : Igreja Católica : História   282.0981
    Cibele Maria Dias – Bibliotecária – CRB-8/9427

Apresentação, 13
Como aproveitar ao máximo este livro, 17

1 A formação da Igreja no Brasil Colônia, 23
1.1 A Ordem dos Templários, 26
1.2 O reino de Portugal e a Ordem de Cristo, 31
1.3 A primeira evangelização e as primeiras paróquias, 39
1.4 O primeiro bispo e a primeira diocese, 54
1.5 A expansão das dioceses, 59
1.6 O funcionamento do padroado, 64

2 O papel da Companhia de Jesus na formação da Igreja no Brasil Colônia, 71
2.1 O reino de Portugal e a Companhia de Jesus, 74
2.2 Os jesuítas e o governo-geral da Bahia, 77
2.3 A atuação dos jesuítas em todo o Brasil, 79
2.4 Padre Manuel da Nóbrega e José de Anchieta, 87
2.5 O contexto da expulsão dos jesuítas, 93

3 O clero e o processo de independência, 123

3.1 Ambiente intelectual, naturalista e liberal, 127
3.2 O regalismo e o padroado, 133
3.3 A maçonaria e a Independência, 143
3.4 A Igreja e a Constituição imperial, 146

4 A Questão Religiosa, 161

4.1 A origem da Questão Religiosa e seu desenvolvimento, 164
4.2 O Papa Leão XIII e a abolição da escravidão no Brasil, 175
4.3 O papel da irmandade de leigos no catolicismo brasileiro, 178
4.4 A Igreja e o Estado liberal, 188

5 A separação da Igreja e do Estado, 195

5.1 A Igreja e a instauração da República, 198
5.2 A Carta Pastoral de 1890, 201
5.3 As lideranças da Igreja na primeira metade do século XX, 204
5.4 A Liga Eleitoral Católica e a Constituição de 1934, 207

6 A Igreja e a história atual do Brasil, 219

6.1 O surgimento e o papel da CNBB, 222
6.2 A Igreja e a ditadura militar, 227
6.3 A Igreja e a democracia, 233
6.4 A Igreja e as questões sociais, 235
6.5 A Igreja e a ecologia, 240

Considerações finais, 247
Referências, 251
Bibliografia comentada, 257
Respostas, 259
Sobre o autor, 261

Aos meus pais, Therezinha e Osmar (*in memoriam*).

À Jacqueline Batista do Carmo, por acompanhar-me em cada momento da produção desta obra.

Ao meu irmão Laertes e a todos os amigos que estiveram envolvidos nesta pesquisa.

Agradeço a Deus pela capacidade física e mental de redigir uma obra tão importante para o entendimento da formação da Igreja católica no Brasil.

Agradeço à Editora InterSaberes pela confiança e pelo apoio técnico na elaboração deste livro. E um agradecimento especial aos professores Rafael Diehl e Gilberto Bordini.

Labor meus, *laetitia mea.*

Apresentação

A historiografia eclesiástica da Igreja tem como um de seus objetivos considerar sua ação no cumprimento da missão de pregação da palavra de Deus no tempo. Desde seu surgimento, o cristianismo é uma religião associada às noções de história: sempre foi crítica aos fatos, aos documentos, sempre fiel à memória de seus passos, mostrando o homem integral – aquele que é além do material, é espiritual – em uma história cuja finalidade é o coletivo e o individual transcendental.

Por isso mesmo, um marco do cristão é sempre ter seus olhos voltados para o passado de sua fé. O cristianismo se manifestou, primeiramente, em locais muito distantes dos centros europeus e orientais, e, onde se desenvolveu, sua confissão foi capaz de criar uma forma de mentalidade e um novo entendimento sobre a existência, bem como uma cultura civilizacional própria. A maneira como a religião cristã alterou os povos, tanto clássicos quanto bárbaros do atual continente europeu, criou, nesses povos e indivíduos, uma meta espiritual antes desconhecida nas ações de expansão dos povos e das civilizações.

A evangelização e a conversão das almas ao cristianismo, que, por muito tempo, foram exclusivamente católicas, alcança tanto os indivíduos mais simples quanto os membros mais importantes dos grupos monárquicos, comerciais e guerreiros.

Durante a expansão ibérica pelo mundo, a meta de evangelização acompanhou o imaginário dos homens que se lançaram ao mar não por diversão, nem por um lucro – a maioria não obteve lucro, aliás, muitos gastaram tudo o que tinham –, avançando ao desconhecido para manter suas famílias, comunidades e sua alma viva. Nessa empreitada desconhecida, os navegadores mantinham como objetivo maior, até permanecerem vivos, a promulgação da palavra de Deus na figura da Igreja de Jesus Cristo. As sociedades que empreenderam as navegações trouxeram às terras descobertas esse viés cristianizador.

Assim, trataremos, nesta obra, a respeito da maneira como a Igreja católica romana chegou ao Brasil em um momento delicado da história da Igreja.

A época moderna foi marcada por rupturas e revoltas. O protestantismo, o jansenismo e o galicanismo abalaram as estruturas da unidade confessional dos reinos europeus. O Renascimento e o Iluminismo criaram distúrbios sobre como o conhecimento se desenvolvia. O esfacelamento do império bizantino e a luta de reinos cristãos entre si criou uma insegurança política e econômica. As epidemias e as derrotas para os infiéis trouxeram medo ao imaginário popular. Nesse contexto, os navegadores portugueses da Ordem de Cristo fundaram, no Novo Mundo, sua parcela da "evangelização dos povos". A província de Santa Cruz foi fundada como patrimônio da Ordem dos Cavaleiros de Nosso Senhor Jesus Cristo, por isso a história da Igreja e a história do Brasil estão mais ligadas do que, geralmente, discute-se nos meios educacionais e de comunicação. Por essa razão, dividimos o conteúdo aqui abordado em seis capítulos.

No Capítulo 1, tratamos do reino de Portugal e da Ordem de Cristo, com o objetivo de mostrar que a herança cristã e lusitana da civilização brasileira é única. Por essa razão, buscamos explicar essa ligação para compreendermos as bases da fé, da sociedade e do governo dos primeiros anos do Brasil.

Continuamos a abordar o reino de Portugal no Capítulo 2, em especial a Companhia de Jesus, uma vez que os jesuítas compõem a ordem mais admirável do período moderno. Prova disso é sua relação com a evangelização e com a educação dos nativos, reconhecidamente importantes. A análise desse tema acompanha a trajetória desses desbravadores até sua expulsão por motivos políticos do reino brasileiro.

No Capítulo 3, discutimos como a independência do Brasil afetou a Igreja local de várias maneiras. Para tanto, discorremos a respeito da forma como a Igreja lidou com essa nova realidade político-social do nascente Império do Brasil, sofrendo com a ação do padroado, o regalismo e as forças laicas modernas anticristãs.

Sobre a Questão Religiosa no Brasil Imperial, no Capítulo 4, apresentamos os debates religiosos e as crises contra os bispos católicos e as ordens laicas que marcaram a vida brasileira antes da República. Entre eles, a participação do clero em sua restruturação durante o governo agnóstico e positivista que estruturou o novo regime político no final do século XIX, como foi o caso dos Bispos Dom Vital e Dom Antônio, protagonistas da mudança de situação de silêncio do clero.

No Capítulo 5, tratamos do fenômeno de separação entre o Estado e a Igreja, recorrente no período do século XIX, principalmente no Brasil do final do Império e início da República. Como veremos, a Igreja do Brasil não participou diretamente dessas mudanças, mas sentiu seus efeitos em sua reestruturação e na liberdade institucional e intelectual que se seguiu.

Por fim, no Capítulo 6, abordamos a atualidade, os desafios e as posições da Igreja do Brasil, abrangendo o período de 1945 até os eventos mais próximos do momento de elaboração desta obra, enfatizando a situação pela qual a Igreja passou durante o regime militar e o período de redemocratização.

Ressaltamos que nenhum dos temas analisados se esgota neste texto, principalmente porque, aqui, apenas apresentamos didaticamente os fatos e os personagens que erigiram a Igreja católica no Brasil. Nosso objetivo é complementar e esclarecer possíveis visões equivocadas que o senso comum e o ideológico incutiram no sistema educacional, não somente nacional, mas também global, no que diz respeito à Igreja como instituição, do cristianismo à transcendência.

Como aproveitar ao máximo este livro

Empregamos nesta obra recursos que visam enriquecer seu aprendizado, facilitar a compreensão dos conteúdos e tornar a leitura mais dinâmica. Conheça a seguir cada uma dessas ferramentas e saiba como elas estão distribuídas no decorrer deste livro para bem aproveitá-las.

Introdução do capítulo

Logo na abertura do capítulo, informamos os temas de estudo e os objetivos de aprendizagem que serão nele abrangidos, fazendo considerações preliminares sobre as temáticas em foco.

Curiosidade

Nestes boxes, apresentamos informações complementares e interessantes relacionadas aos assuntos expostos no capítulo.

Importante!

Algumas das informações centrais para a compreensão da obra aparecem nesta seção. Aproveite para refletir sobre os conteúdos apresentados.

Preste atenção!

Apresentamos informações complementares a respeito do assunto que está sendo tratado.

Fique atento!

Ao longo de nossa explanação, destacamos informações essenciais para a compreensão dos temas tratados nos capítulos.

Manuel, o padroeiro de todas as igrejas fundadas e a fundar no ultramar, o mestrado da Ordem de Cristo integrou-se definitivamente à Coroa, como citamos, desde o fim dos templários. ele fazia parte do legado português. É importante relembrarmos que esse direito concedia aos reis a prerrogativa de apresentar nomes ao episcopado de suas jurisdições. Paralelamente, ocorreu a fundação da Diocese do Funchal, em Portugal.

A passagem desse direito da ordem para a Coroa foi o reconhecimento jurídico à competência de Portugal para apresentar bispos para suas terras. A escolha dos reis trouxe benefícios para a missão. Dom João III contratou a Companhia de Jesus para propagar a fé em diversos locais. Por isso, também ato da Companhia de Jesus, tanto na Índia quanto no Brasil, pode ser desvinculado da memória dos monarcas portugueses.

Apesar das lendas sobre o ganho comercial, em muito, os gastos dos reis com a evangelização traziam uma recompensa monetária ínfima.

Indicações culturais

CAMINHA, P. V. A Carta a El-Rei D. Manoel. Disponível em: <https://www.literaturabrasileira.ufsc.br/documentos/bativo=download&id=117060>. Acesso em: 10 jan. 2023.

LÉRY, J. Viagem à terra do Brasil, também chamada América. Rio de Janeiro: Betel Editora, 2009.

STADEN, H. Duas viagens ao Brasil. Tradução de Angel Bojadsen. Porto Alegre: L&PM Editores, 2008. Disponível em: <https://prioris2015.files.wordpress.com/2018/10/duas-viagens-ao-brasil-hans-staden.pdf>. Acesso em: 10 jan. 2023.

A leitura desses três textos do período quinhentista possibilita amplo conhecimento a respeito de visões que diferentes pessoas geram da história cultural em sobre a nova terra, recém descoberta.

Indicações culturais

Para ampliar seu repertório, indicamos conteúdos de diferentes naturezas que ensejam a reflexão sobre os assuntos estudados e contribuem para seu processo de aprendizagem.

Para refletir

Consideramos que a Companhia de Jesus, assim como a Ordem dos Templários, sofreu uma perseguição baseada na desinformação sobre sua existência. A figura dos integrantes dessas ordens foi difamada de várias formas ao redor do mundo durante os séculos XVII e XVIII, nos quais predominava o pensamento iluminista. No Brasil, por exemplo, repudiou-se a atuação de que eles escravizavam os indígenas. Essa atitude, a nosso ver, é fruto do contexto geral dos grupos laicos contra a Igreja e a própria ideia de religião.

De acordo com Guillermou (1975, p. 50), a perseguição aos jesuítas ocorreu por uma multiplicidade de lados, como podemos ler neste trecho: "Os jesuítas centraram, naturalmente com adversário da religião em geral, ou do catolicismo em particular, grupos extravagante onde se encontravam, ao lado dos protestantes, os maçons e os filósofos".

Esses grupos, segundo o autor, antagoniam pressionar a Companhia de Jesus ao ponto de transformar as situações em "leis das negras" sobre estas práticas. A mais notória foi a dos grupos nas reduções paraguaias, quando a ação do Geral jesuíta Cláudio Aquaviva de evitar a escravização dos guaranis foi transformada pelos colonos em uma lenda de que os jesuítas escravizavam os guaranis.

Um trecho que explica essa situação é o seguinte: "Conta-se que em certas residências jesuítas desta província (Paraguai), indígenas 'oferecidos' aos padres pelos bandeiras espanhóis tinham sido empregados como servos, e que o Geral Aquaviva ordenou ao Provincial de cessar esse abuso. Os jesuítas compreenderam tão bem a lição e prepararam tão bem com o exemplo, que os colonos se inquietaram, sentiram-se ameaçados sem seus direitos

---

Para refletir

Aqui propomos reflexões dirigidas com base na leitura de excertos de obras dos principais autores comentados neste livro.

A fim de prevenir o perigo da acefalia do Estado e da consequente anarquia, elegeram uma regência trina provisória, que só exerceria o poder até se eleger a permanente. As assembleias constituintes contaram com padres em seus grupos, mas, como vimos, isso não era uma afirmação de que ocorreria um respeito ao pensamento da Igreja. A Igreja teria de enfrentar uma sociedade política altamente voltada para os sedutores caminhos das ideologias modernas antitranscendentais.

Síntese

Neste capítulo, apresentamos o contexto da Independência do Brasil, quando o pensamento liberal alcançava sua maior expansão na Europa. As Américas não poderiam escapar da chegada das ideologias modernas, ou seja, o grande choque entre o Estado moderno e a Igreja fez teria um capítulo de sua história no Brasil.

Vimos que o mundo temporal desenvolveria novas filosofias e ideologias, as quais cunhariam os objetivos sociais de grupos diversos. Entre essas novas forças sociais, temos a figura dos grupos laicos denominados maçons, que conectavam os princípios liberais, neutros e iluministas em sua filosofia política. Os maçons tinham a instituição Igreja como principal alvo por ela representar a ideia de religião revelada por ser uma instituição universal e por representar a tradição e o passado. A tensão desses chamadas sociedades secretas com a hierarquia fiel e ortodoxa foi um dos motores da história da Igreja no Brasil e no mundo. Como vimos, seus efeitos partiram da filosofia de governo de Pombal e adentraram o sistema das elites intelectuais e políticas nacionais durante a independência. O clero não escapou de ter membros envolvidos por essas forças.

Síntese

Ao final de cada capítulo, relacionamos as principais informações nele abordadas a fim de que você avalie as conclusões a que chegou, confirmando-as ou redefinindo-as.

Atividades de autoavaliação

1 O contexto geral da independência do Brasil foi marcado por qual mudança político-religiosa?
   a) Separação entre Portugal e Brasil.
   b) Separação entre a Coroa e a Corte.
   c) Separação entre o Estado e a Igreja.
   d) Separação entre o Papado e o Episcopado.
   e) Separação entre a Santa Sé e a prelazia do Brasil.

2 Qual ato imperial aponta para uma nova realidade político-simbólica do governo?
   a) Criação de prelazias.
   b) União das religiões pelo padroado.
   c) Inauguração do édito antissacerdotal.
   d) Cerimônia de sagração e coroação.
   e) Supressão da Ordem de Cristo.

3 Qual foi a força laica mais atuante no século XIX na história da Igreja no Brasil?
   a) A jesuítica.
   b) A papista.
   c) A protestante.
   d) A maçônica.
   e) A constitucionalista.

4 Assinale a alternativa que não pertence ao pedido de legitimação do padroado do Imperador à Santa Sé:
   a) O direito de indicação de bispados, dos cabidos e de outros beneficiados.
   b) O direito ao beneplácito sobre as bulas papais.

Atividades de autoavaliação

Apresentamos estas questões objetivas para que você verifique o grau de assimilação dos conceitos examinados, motivando-se a progredir em seus estudos.

3. Em razão da extensão do território brasileiro e de seu vasto populacional, qual circunscrição eclesiástica foi necessária para manter as ações missionárias ativas no Brasil?
   a) Feitorias.
   b) Paróquias.
   c) Municípios.
   d) Províncias.
   e) Prelazias.

Atividade de aprendizagem

Questões para reflexão

1. Faça uma pesquisa em alguns livros didáticos e identifique se a história do Brasil ensinada na atualidade indica a ligação do descobrimento com os movimentos medievais de cavalaria e as Cruzadas. Com base no resultado de sua pesquisa, justifique as causas dessa realidade em um texto escrito.

2. A primeira Santa Missa realizada no Brasil foi um marco da posse divina da terra pelos membros da expedição de Cabral. A mentalidade da Ordem de Cristo era de conversão e de evangelização, por isso os membros daquele grupo português tinham no catolicismo mais do que uma prática externa, era intrínseco a seus objetivos de vida. Baseado em sua experiência própria, faça uma reflexão sobre a importância dessa cerimônia para aqueles navegadores depois daquela jornada perigosa. Escreva, com base nessa reflexão, um comentário sobre as diferenças entre a fé daquele momento e da atualidade.

⌈ Atividades de aprendizagem

Aqui apresentamos questões que aproximam conhecimentos teóricos e práticos a fim de que você analise criticamente determinado assunto.

Bibliografia comentada

ALENCAR, P. L. História da Igreja no Brasil. Curitiba: InterSaberes, 2019.
Obra narrativa por tipos de assuntos didáticos a assunto universatórios. A Igreja no Brasil. Partindo do Descobrimento os temas atuais como o CNBB, o livro apresenta informação bem estruturada e um olhar sobre cada assunto histórico.

PEREIRA, T. L. A Ordem de Cristo e o Brasil. São Paulo: Ibrasa, 1940.
O texto do Pereira apresenta todo o amplo detalhamento sobre a relação entre os conflitos e os períodos da perseguição das das tentativas portuguesas nas épocas da navegação. A obra proporciona uma panorama da importância dos tempos históricos dos dias do trancrito.

MARTINA, G. História da Igreja: de Lutero a nossos dias. São Paulo: Loyola, 1996. v. 3 A era do absolutismo.
O absolutismo e o Iluminismo eles as maiores e políticos intelectuais que abalaram o pensamento católico até todo o meio de influência entre os XVII a XVIII. O autor ilustra bem os variantes dessas movimentações e das políticas que tem uma duradoura Igreja em várias dos lívros. O livro de Martina trata de pontos importantes desses vários políticos religiosos que preguiçá a sociedade.

⌈ Bibliografia comentada

Nesta seção, comentamos algumas obras de referência para o estudo dos temas examinados ao longo do livro.

1
A formação da Igreja no Brasil Colônia

N este capítulo, iniciaremos os estudos sobre a Igreja no Brasil apresentando como a ação evangelizadora surgiu por meio da transformação do imaginário cavalheiresco templário português. Essa nova visão de proteção da cristandade vai ser a base da evangelização dos povos aonde os cavaleiros da ordem de Cristo chegaram.

Também abordaremos a formação da hierarquia e como as dioceses e os bispados foram construídos no Brasil.

Ressaltamos que este conteúdo inicial é importante não apenas para a compreensão dos motivos religiosos dos descobrimentos, mas também para visualizarmos a formação das dioceses no Brasil.

1.1 A Ordem dos Templários

As ordens militares medievais são o ponto de partida da compreensão dos motivos que uniram a descoberta do Brasil com a prática e a mentalidade cristã. Devemos voltar ao século XI para entendermos o início da mentalidade que desencadeou os atos de evangelização de territórios distantes. Então, iniciamos abordando as ordens militares-religiosas desse recorte temporal.

Os templários, também conhecidos como *Pobres Cavaleiros de Cristo*, são uma ordem de cavaleiros surgida depois de 1099, ano em que as Cruzadas retomaram Jerusalém e os lugares santos da Palestina das mãos dos muçulmanos. Apesar das peregrinações terem se mantido constantes, com exceção do século XI, quando a perseguição por parte do califado de Hakim foi mais intensa, a Reconquista as fez ganhar novo impulso, mesmo existindo uma precariedade das condições dos lugares santos.

Depois de viajar aos pontos de peregrinação e cumprir com seu voto de visitar o lugar sagrado, a maioria dos fiéis retornava a seu local de origem. Nesse contexto, existia uma estrutura de defesa dos peregrinos, composta por algumas cidades fortificadas em pontos-chave da região. Essa defesa, no entanto, era pouco eficiente e havia lugares cujas vias estavam cheias de salteadores e criminosos, por isso os peregrinos estavam sempre em constante perigo.

Essa situação mudou quando um grupo de cavaleiros decidiu permanecer na Terra Santa, mesmo depois de cumprido com seu voto. Hugues de Payens, um fidalgo francês, é o nome conhecido por agregar cavaleiros a esse objetivo de salvaguardar os peregrinos, aproximadamente depois do ano de 1119, sendo o primeiro mestre e fundador da Ordem dos Templários. Vários barões aceitam assumir essa tarefa, entre eles destacamos André de Montbard, tio de Bernardo de Claraval.

Curiosidade

São Bernardo de Claraval escreveu a seu tio André Montbard, em 1153, para motivá-lo a manter a fé durante a defesa da cidade de Jerusalém:

> Tu desejas me ver e dizes que depende de minha decisão que se cumpra teu desejo. Indicas que somente esperas meu mandato. Que queres que te diga? Desejo que venhas e temo não venhas [Fl. 01, 23]. Ante a perplexidade de querer e não querer que seja disposto, tiram as coisas de mim e não sei o que escolher [Fl. 1, 22]. Por uma parte quero satisfazer teu desejo e o meu também; por outro lado creio mais que o grande prestígio que tens aí e o fato de ser considerado tão necessário nessa terra, que tua ausência, segundo se diz, traria grandes perigos. Assim, pois, como não posso mandar-te nada, opto por te ver antes de morrer. Tu podes ver e julgar melhor como vir sem causar escândalo a essa gente. E talvez tua vinda não seja completamente inútil. É possível que, com a ajuda de Deus, terias algumas pessoas que te acompanhariam a socorrer a Igreja de Deus quando regressares de novo, pois és muito conhecido e estimado aqui. (Araguren; Balano, citados por Salles, 2008, p. 183)

A ligação de São Bernardo com as Cruzadas e, depois, com as bases teológicas dos templários teve início com essa tentativa de motivar seu tio André a permanecer na Terra Santa para manter a segurança dos cristãos. O trecho também apresenta a fragilidade militar que Jerusalém tinha naquele contexto e, apesar de parecer amargurado com saída de seu parente da defesa de Jerusalém, vê uma esperança à sua volta. A vinda do tio criava a possibilidade de conseguir auxílio entre os membros da sociedade cristã europeia. Considerando que São Bernardo entendia as Cruzadas como uma missão eclesiástica, a regra dos templários seria pensada por ele como um guia monástico para indivíduos que teriam de combater contra os inimigos da fé. O nascimento da Ordem dos Templários modificou a teocracia, criando o *soldado de Cristo* e os instrumentos para o papado evitar que a nobreza interferisse nos assuntos eclesiásticos de modo contrário ao ideal à missão da Igreja.

Os cavaleiros não apenas comprometem-se a defender os peregrinos e a proteger os caminhos que levam aos locais santos, mas também a dedicar suas vidas a manter Jerusalém segura para os viajantes, constituindo uma criação original, por ter feito os cavaleiros seculares direcionarem suas atividades e forças na defesa de indivíduos que poderiam proceder de vários grupos da sociedade cristã. A tarefa tornou-se uma forma de voto, oficializado perante o Rei Balduíno II.

A nova ordem recebeu um terreno adjacente dos cônegos da Cidade Santa. Depois de 1120, o Rei de Jerusalém mudou-se para a chamada Torre de David e transferiu sua antiga residência, denominada por eles de Templo de Salomão, para os Pobres Cavaleiros de Cristo, nome inicial da ordem. Contudo, por ficarem aquartelados no templo, receberam a alcunha de a Ordem do Templo, ou templários (Pernoud, 1996).

Os templários conseguiram conciliar a vida militar e a vida religiosa de modo inovador, o que lhes fez procurar uma norma, baseada nas regras de São Bento (Ferreira, 1980), para evitar irregularidades de seus membros e ter uma estrutura possível de ser aceita dentro da Igreja, como uma ordem vinculada a uma tarefa, em certa parte, inovadora, de proteção da fé e do crente peregrino. Em 1127, Hugues de Payens foi a Roma a fim de pedir o reconhecimento do Papa Honorário II, que aceitou a regra e a forma da Ordem.

Por meio do Concílio de Troyes, realizado em 1128, a Ordem do Templo, na figura de Bernardo de Claraval, ganhou um aliado importante para seu desenvolvimento: Étienne de Chartres. Nesse concílio, Claraval redigiu uma norma mais minuciosa, denominada *Norma Latina*, que sofreu mudanças feitas pelo Patriarca de Jerusalém.

A Norma Latina, assim como em outras ordens religiosas, define várias normas necessárias para configurar uma ordem medieval da Igreja, como os diversos tipos de membros, por exemplo: os cavaleiros, vindos da nobreza, por se tratar de posição que necessitava de recursos e estudos próprios desse grupo social; os beleguins e os escuteiros, vindos dos demais grupos; os padres e os clérigos, encarregados dos serviços religiosos da Ordem; e os artífices, servos e ajudantes diversos.

Importante!

O Reino Latino de Jerusalém foi criado depois da captura da cidade de Jerusalém pelos cruzados, em 1099. Nele, foi instalada uma arquidiocese de rito latino, denominada *Patriarcado de Jerusalém*. Quando a cidade foi invadida pelas forças de Saladino em 1187, a Sé foi transferida para Acre, depois Chipre e, finalmente, Roma em 1291. O Patriarcado de Jerusalém teve como Sé a Basílica de São Lourenço Fora dos Muros do século XIV até metade do século XIX. Somente no pontificado de Pio IX, o Patriarcado retornou à Terra Santa, tendo como Sé a Catedral do Santo Sepulcro. Posição reafirmada pelo Vaticano ao Estado de Israel em 1993.

Em 1139, a bula *Omne datum optimun*, de Inocêncio II, institui os privilégios da Ordem, entre os quais destacamos a questão da isenção da jurisdição episcopal. Essa isenção configura a possibilidade de a Ordem ter seus próprios clérigos para sua assistência religiosa, sem a dependência de bispos locais, o que gerou, nos anos seguintes, problemas com o clero secular. A isenção de dízimo também gerou desavenças, mesmo que os templários não fossem a única ordem com esse privilégio, já concedido, anteriormente, à Ordem Cister. Essa configuração facilitou o crescimento do patrimônio e a cobiça de outros grupos sociais por seus bens. Os templários também tiveram o direito de construir oratórios, que poderiam servir como sepultura a eles.

Uma vasta gama de recursos e uma autonomia exclusiva marcam essa ordem, surgida apenas para defender peregrinos, mas que teve rápida expansão. Os Pobres Cavaleiros de Cristo, que tinham responsabilizado-se por auxiliar os peregrinos na região que vai de Caifa a Cesareia, na Palestina, observaram sua ordem crescer e, ao mesmo tempo, surgirem outras ordens ao redor. O braço ibérico dos templários é a parte dessa novidade social sobre a qual nos aprofundaremos para chegarmos à Ordem de Cristo.

Na Espanha e em Portugal, houve um movimento de reconquista que contou com a participação das ordens militares de Alcantara, de Calatrava, de Avis e de Cristo, envolvendo a recuperação de Toledo em 1085; a formação de Portugal e a conquista de Lisboa em 1148; e a Batalha das Navas de Tolosa em 1212.

O templário foi uma nova forma militar, que pode ser compreendida como um apelo espiritual aos cavaleiros do século. São Bernardo de Claraval escreveu, em 1130 (ou 1136), em seu texto *Do louvor da Nova Milicia e dos soldados do Templo*, a seguinte afirmação sobre a ordem templária: "O cavaleiro de Cristo é um cruzado permanente, lutando contra as tentações da carne e as potências malignas do mundo espiritual e que reveste seu corpo com a armadura e sua alma, com a fé" (São Bernardo, citado por Pernoud, 1996, p. 19).

Depois de apresentar o início dos templários, passaremos a abordar outro fato importante: a criação de Portugal durante os séculos XI e XII.

1.2 O reino de Portugal e a Ordem de Cristo

A história portuguesa e a brasileira são unidas por laços muito íntimos e diretos, pelo menos até o século XIX. Por isso, é importante compreender que Portugal dá ao Brasil vários elementos de sua religiosidade. O reino foi fundado por D. Afonso Henriques (duque de Borgonha), que se casou com a princesa Teresa, filha do Rei Afonso VI de Castela. O casal recebeu, em 1097, o condado de Portugal, situado na Lusitânia[1], como dote do pai da princesa. Contudo, seu filho Afonso Henriques somente conquistaria a região depois da morte seu pai e de um confronto com o exército de sua mãe. Após a vitória, recebeu o nome de Dom Afonso I, fundou o reino de Portugal e criou a monarquia lusitana no ano de 1140.

Um ponto importante a respeito da fundação do reino de Portugal foi a oferta do reino à Igreja de Roma, a qual confirma a constituição do novo reino pela bula *Manifestis Probatum*, de Alexandre III, em 1179. Podemos dizer que existe uma sincronia entre a Ordem do Templo e o reino português, uma vez que ambos eram uma novidade no mundo da cristandade medieval.

D. Afonso I acreditava que o islamismo não deveria ser combatido somente na Terra Santa, mas também no extremo oeste, ou seja, era preciso expulsar os muçulmanos da Lusitânia. Acreditando que essa ação precisava de cooperação entre os povos cristãos, foram feitas várias expedições, entre 1140-1217, com vários reinos do Atlântico

---

1 Lusitânia é a denominação dada à província romana que englobava, na Antiguidade, a região territorial do reino português. Por isso, historicamente, uma das formas de se referir aos portugueses é *lusitano*.

integrados à cavalaria dos reis lusitanos para combater os muçulmanos onde estivessem.

Prova disso é que, em 1147, Lisboa foi tomada dos mouros com o auxílio de holandeses, flamengos, ingleses, escoceses, alemães e normandos (Ferreira, 1980). Em 1189, o Algarves foi reconquistado. A cavalaria portuguesa tomou Santarém, agora sob as ordens de D. Sancho I, tornando o território português livre do domínio muçulmano em 1217 – Portugal fundou a Ordem de Cristo nesse contexto de êxitos militares pela cristandade.

Os anos seguintes testemunharam o ataque político do rei da França à Ordem do Templo, que culminariam com sua supressão em 1307. O processo de supressão foi longo, mas o que nos interessa é o fato de que, em Portugal, o patrimônio dos templários foi incorporado à nascente Ordem de Cristo, bem como muitos dos membros deles.

Dom Dinis, rei de Portugal, fundou a Ordem de Cristo e pediu ao Papa João XXII a incorporação dos bens templários ao patrimônio da Ordem de Cristo, recém-criada. O rei, conhecido por promover a ação de navegação de seu reino, conseguiu, em 1319, o acatamento de seu pedido a Roma.

A estrutura de unidade política e religiosa que surge em Portugal facilita a formação não somente de uma monarquia, mas também de um reino de características modernas. A tecnologia naval desenvolvida pelos portugueses, por exemplo, possibilitou que descobrissem dois terços do planeta. Em 1415, Dom João I conquistou Ceuta, no Norte da África, dando início à expansão marítima do país. Casado com Felipa de Lancaster desde 1387, seus dois filhos, D. Pedro e D. Henriques, tomam parte em várias conquistas e no desenvolvimento do sistema de Conselhos. Surgidos na Idade Média, esses conselhos eram unidades político-administrativas mais locais, responsáveis por solucionar diversos tipos de necessidade das comunidades. Entretanto, sua base foi a sociedade da Reconquista cristã da Península Ibérica.

D. Pedro viajou o mundo, recebendo até os manuscritos da viagem de Marco Polo à China e condecorações na Polônia. Dom Henriques estudou astronomia e geografia, acabando com as superstições que as viagens marítimas tinham desde a Antiguidade. Ele participou da conquista de Ceuta e da reforma a Universidade de Lisboa. A Escola Naval de Sagres[2] foi criada no século XV, fundada pelo Infante Dom Henrique, que passou a ser conhecido como o príncipe do Atlântico. Portugal conta, a partir de então, com uma escola náutica, cujas descobertas e estudos foram noticiadas por toda a Europa.

Preste atenção!

Apesar desse desenvolvimento, um fato é comumente pouco abordado em obras didáticas: todas as ações de reconquista e de descoberta estavam sob o julgo da Ordem de Cristo. Inclusive, em 1455, o Papa Nicolau V alargou o domínio de Portugal para premiar seu esforço e devoção católicos. O reino estava dando mundos novos ao mundo sob o signo da fé. As terras descobertas pelos portugueses seriam adjudicadas ao patrimônio da Ordem de Cristo. Por isso, o patrimônio somente poderia ser aumentado, nunca diminuído.

A caravela, uma novidade tecnológica desconhecida até pelos genoveses, resolveu o problema das grandes viagens oceânicas. Por ser leve, ligeira, impelida pelos ventos, conseguia mover-se na direção contrária

---

2 Alguns estudiosos não reconhecem a existência dessa escola. O debate historiográfico sobre a existência da escola de Sagres deve-se ao fato de não existir um registro histórico oficial da fundação efetiva da instituição. Contudo, por meio dos escritos de navegadores como Pedro Nunes, Duarte Pacheco Pereira e de indivíduos chamados pela monarquia portuguesa para ensinar elementos para navegação, como Jacome de Malhorca, há a afirmação da criação, no Algarves, de escola que oferecia um ensino em terra (teórico) e a bordo (prático). Portanto, os pilotos portugueses do período de D. Henrique em diante eram ensinados no sistema medieval de educação sobre as artes da navegação, cosmografia e cartografia.

ao próprio vento. A segurança dessas embarcações atraiu tripulações de várias nacionalidades. Os genoveses, por exemplo, utilizavam apenas barcos a remo nessa época, o que trazia muitos problemas, por isso muitos deixaram sua região para participar das navegações portuguesas e ampliar seu conhecimento náutico.

Os navegadores mais notórios desse período têm ligação direta com Portugal: Cristóvão Colombo, por exemplo, é fruto dos estudos de Sagres; Mestre José Vizinho, um astrônomo a serviço de Portugal durante o segundo reinado de Dom João II, faz o reconhecimento da terra e escreve a Colombo. Duarte Pacheco Pereira, em 1499, atravessa o Atlântico e identifica a posição do que, no futuro, seria a província de Santa Cruz, mais tarde Brasil. Bartolomeu Dias completa a volta ao extremo sul da África e nomeia a região de Cabo das Tormentas, atualmente Cabo da Boa Esperança. Fernando de Aragão usa três caravelas compradas de Dom João II para financiar a procura por uma via marítima para a Ásia. Assim, em 1492, Colombo chega ao que, no futuro, seria Cuba, e informa o Rei Dom João II, que encontrou um caminho que chamou de Índias.

Em 1494, o rei de Portugal, D. João II, e o rei da Coroa de Aragão, Fernando II, firmaram o Tratado de Tordesilhas, acordo que determinava a divisão das terras que poderiam ser encontradas durante as navegações oceânicas. Seis anos antes da viagem de Pedro Álvares Cabral, Portugal já reivindicava a posse da futura província de Santa Cruz ao patrimônio da Ordem de Cristo. As bulas que se seguiram – a de Martinho V, a de Nicolau V e a de Calixto III – afirmam essa posse e expõem que as descobertas foram fruto da Ordem de Cristo. Adolpho Varnhagen (1877, p. 69) assim explica como a ordem de Cristo é importante para o descobrimento do Brasil: "As terras pois que se encontrassem d'esse meridiano para leste deveriam logo ser adjudicadas a

Portugal; e neste caso, em virtude das anteriores bullas, tinham de ser administradas pela insigne da ordem [...]".

O grão-mestre da Ordem de Cristo era o infante D. Henrique, até sua morte em 1460, quando o cargo passou a ser de D. Manoel, seu primo, que herdou a Coroa Portuguesa em 1495. Como vemos, os reis portugueses estiveram sempre ligados ao posto mais alta da Ordem de Cristo. Em 1455, Papa Calixto III declarou inerente ao mestrado da Ordem de Cristo em Portugal a administração e o patronato das terras adquiridas e por adquirir. Por isso, tudo o que era descoberto por Portugal era um patrimônio da Ordem de Cristo.

A relação entre a Ordem de Cristo e os descobrimentos pode ser percebida também na configuração das expedições: houve sempre a presença do comandante (capitão-mor), do físico (atualmente, seria o médico) e do capelão, para os ritos religiosos. Diferentemente das caravelas de Colombo, as expedições portuguesas contavam com frades franciscanos, oito deles pisaram em terras do Novo Mundo junto dos portugueses. "O próprio Pedro Álvares Cabral levava o estandarte da Ordem de Cristo, abençoado, em sua expedição. O barrete de posse também era da Ordem de Cristo, não da monarquia portuguesa" (Ferreira, 1980, p. 56).

A existência das terras que seriam, posteriormente, o Brasil já era conhecida antes da chegada de Cabral. Durante os séculos XV e XVI, os documentos de navegação tinham uma posição de silêncio público, ou seja, para ter acesso às informações sobre a navegação, o indivíduo deveria estar envolvido com a ação de navegação portuguesa. Ferreira (1980) cita que Colombo ficou 20 anos ligado ao reino de Portugal antes de oferecer seus serviços ao reino de Castela para descobrir o caminho para as Índias, o que mostra o grau de conhecimento guardado pelos portugueses, que, lentamente, passam a ajudar as expedições marinhas em todo o seu contexto. Ferreira (1980, p. 53) comenta "que há até a tese de Dmitriy Tzukernik de que a América do Norte foi descoberta, primeiramente, por portugueses". Controvérsias à parte, passaremos para a expedição de Pedro Álvares Cabral.

A chegada dos portugueses ao Brasil é envolta em várias teses e interpretações: alguns a consideram como ocasional, o que nos parece pouco provável; outros, que a descoberta teria ocorrido antes, por Duarte Pacheco; há também os que ponderam que navegadores europeus teriam chegado a registrar o território e aproximar-se da costa do futuro Brasil, mas nenhum deles tomou posse efetiva da terra, nem teve qualquer influência no desenvolver de sua história.

De modo geral, o descobrimento do Brasil é tido como de interesse puramente comercial, mas, como já vimos até aqui, esse objetivo foge do espírito das descobertas.

Por essa razão, o navegador Pedro Álvares Cabral é o personagem histórico central e real do descobrimento atrelado à evangelização. A documentação de sua chegada é o ponto importante da expedição, como a carta de Pero Vaz de Caminha ao Rei D. Manoel, datada de 1 de janeiro de 1500 e considerada "a certidão de nascimento da terra de Santa Cruz" – documento que traz referências à salvação das almas nativas.

Fique atento!

Devemos nos lembrar sempre de que as terras brasileiras foram incorporadas ao patrimônio da Ordem de Cristo. Por isso, a nova terra recebeu a denominação *Província de Santa Cruz* e era administrada pela monarquia portuguesa, cujo rei era, hereditariamente, o grão-mestre da Ordem de Cristo.

A partida dos 13 navios de Cabral das terras portuguesas em 8 de março de 1500, um domingo, foi marcada por uma cerimônia realizada pelo solene pontifical na Igreja de Nossa Senhora de Belém, no Restelo, celebrada por Dom Diogo Ortiz de Vilhegas, e presenciada por toda a Corte. Entre os 1500 homens que navegaram nesses barcos, estavam missionários franciscanos – alguns deles eram também músicos, organistas e coristas – e nove padres seculares. A presença desses religiosos demonstra que as tripulações não estavam apenas engajadas em atividades comerciais nas terras a que chegassem, isto é, a parte espiritual era representada por todos esses religiosos que não tinham função alguma de navegação nas expedições.

Em 22 de abril de 1500, a expedição chegou à costa da futura Terra de Santa Cruz, na atual cidade de Porto Seguro, na Bahia. Apesar das dúvidas que mencionamos antes sobre quem descobriu primeiro o Brasil e sobre o próprio descobrimento, há o registro de que, em 26 de abril, domingo, Frei Henrique de Coimbra realizou uma missa cantada, com a participação de todos os clérigos que listamos anteriormente. Durante a cerimônia, a bandeira da Ordem de Cristo trazida pela expedição foi hasteada, mostrando que aquela Ordem dos Templários modificada na Terra Santa passava a realizar outra atividade: povoar as novas terras e catequizar os nativos, que, naquele momento, observavam a realização da missa. Também nessa cerimônia uma cruz foi enfincada no solo para completar a entrega daquela terra a Deus. O Brasil singulariza-se entre as nações do Novo Mundo pelo fato de o primeiro ato oficial celebrado em sua terra ter sido o santo sacrifício da missa. Gaspar de Lemos retornou em seguida para comunicar ao Rei D. Manoel I o resultado da expedição.

Figura 1.1 – Cronologia dos principais fatos abordados

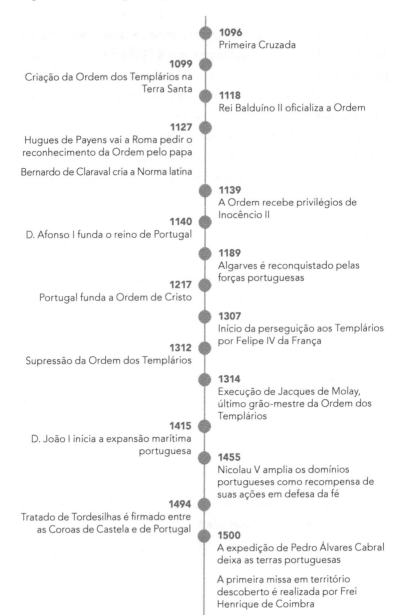

A Ordem de Cristo, assim como os antigos templários, tinha uma autonomia que dava o direito ao grão-mestre – no caso português, o rei – de indicar os titulares das dioceses, igrejas e benefícios. Como a terra era patrimônio dessa Ordem, a evangelização e a tomada de posse da terra eram exclusivas dos portugueses. A falta de conhecimento sobre a real extensão da terra conquistada pode ter ocasionado o atraso em sua povoação e em seu reconhecimento cartográfico. Afinal, não se tinha ideia do número necessário de efetivo para concretizar todas as ações necessárias para firmar a posse da terra. Contudo, a estrutura para a extração das riquezas e para o povoamento durante esse período sempre foram acompanhadas do objetivo missionário. Nesse contexto, a seguir, abordaremos como as paróquias surgiram no Brasil e como estão vinculadas ao sistema de padroado, que, nesse primeiro momento, em muito auxilia o desenvolvimento da Igreja e apoia os missionários.

1.3 A primeira evangelização e as primeiras paróquias

A unidade entre a evangelização e as navegações portuguesas é um aspecto de destaque pelo fato de existir uma visão que reduz as terras descobertas a simples locais de extração, um afunilamento que, em muito, visa criar um mito de o Brasil ser uma colônia para cumprir puramente um objetivo econômico. Os primeiros documentos oficiais do reino português sobre a chegada às novas terras, como a Carta de Pero Vaz de Caminha, demonstram que a preocupação para com a condição espiritual dos nativos é imediata ao descobrimento.

A instalação de feitorias de trocas foi instantânea no sistema do nascente império português. Trata-se de entrepostos fortificados que serviam de local de apoio aos representantes régios. Um exemplo de como essa situação variava são os pontos que a Coroa possuía em outros territórios, na África e na Índia, nos quais havia apenas feitorias, sem povoamento. No caso brasileiro, tivemos as duas realidades: a comercial e de povoamento.

A instalação imediata de feitorias de troca não caracteriza um marco de que a região seria apenas uma área de pura ação comercial. Portanto, um dos elementos básicos do estabelecimento de povoamentos era também a criação das feitorias cujo objetivo era assegurar as possíveis trocas de produtos dos nativos com a Coroa e um local para estabelecer um apoio aos representantes régios na região.

O Brasil sofreu até ações de piratas por ficar por um tempo esquecido pela Coroa. Contudo, não ficou despovoado nem abandonado. Lembramos que sua denominação levou o termo *cruz* até 1505. Depois, recebeu o nome de Terra do Brasil e, finalmente, Brasil.

Solidificar a proteção das terras com a instalação de feitorias era necessário no Brasil em razão das ações de piratas. As terras brasileiras ficaram, por algum tempo, esquecidas pela Coroa por dois motivos: (i) eram muito mais extensas do que imaginavam e (ii) a população portuguesa, naquele momento, era muito pequena em relação às necessidades de povoamento.

No entanto, existem relatos, que indicaremos a seguir, demonstrando como a mentalidade portuguesa sempre procurou povoar e evangelizar a região do Brasil. Por isso, conforme afirmamos, sua denominação levou o termo *cruz* até 1505, enfatizando essa ligação dos descobrimentos com a conversão dos grupos ao ideal católico.

Em 1501, o Capitão André Gonçalves cumpriu uma expedição investigativa, ordenada por D. Manoel I, que percorreu, pelo menos, 3.200 km da costa brasileira. Em relatório, o capitão informava que, naquele momento, a terra oferecia apenas o pau-brasil como recurso interessante. A exploração do pau-brasil ficaria por um triênio como monopólio de "cristãos novos" de Lisboa, o qual foi renovado duas vezes até ocorrer uma efetiva ação de povoamento. Como esse monopólio atraía a cobiça de corsários franceses, a preocupação da Coroa com a defesa da terra recém-descoberta fez com que Dom João III solicitasse ao Comandante Cristóvão Jacques que patrulhasse o Brasil. Essa ação de defesa foi desenvolvida entre 1516 e 1527 com eficácia, mas não tinha como ser duradoura pela extensão do litoral. A constatação do problema fez com que, em 1530, o governo mudasse de estratégia e iniciasse a ocupação sistemática de seu território. O encarregado dessa nova estratégia para o Brasil foi Martim Afonso de Sousa.

A função de Martim Afonso de Sousa, matemático e cosmógrafo, era criar núcleos regulares de povoamento fazendo o reconhecimento do território em detalhes e expulsando as forças estrangeiras que fossem encontradas na colônia. As atividades econômicas, sociais e políticas começaram a desenvolver-se a partir de suas ações. A produção de cana-de-açúcar ganhou impulso e, em 1532, agora como donatário das terras que, atualmente, correspondem aos Estados de São Paulo e do Rio de Janeiro, Martim Afonso fundou a primeira cidade em terras brasileiras, a Vila de São Vicente, no litoral sul do atual Estado de São Paulo.

Martim Afonso tinha uma formação humanista e muito próxima à de Dom João III, tanto que a forma como a Vila de São Vicente se desenvolveu comprova que ele não somente criava povoados, mas também vilas luso-brasileiras, com suas respectivas câmaras de vereadores. Segundo Ferreira (1980), Martim Afonso era um capitão-mor da primeira armada povoadora da Terra do Brasil, com plena jurisdição sobre todas as pessoas às suas ordens, tanto em mar quanto em terra. Em outras palavras, mantinha a jurisdição sobre todos os aspectos da vida social dos grupos de povoamento, além de poder colocar padrões nas terras por ele descobertas no patrimônio da Ordem de Cristo. (Ferreira, 1980). As vilas de São Vicente e de Piratininga, além de realizarem eleições, tinham como base de organização o sistema clássico lusitano de município.

Entre 1534-1536, Dom João III implementou as capitanias hereditárias, um sistema de divisão administrativa com a intenção de colonizar essas terras, mas apenas a de São Vicente e a de Pernambuco prosperaram entre as 14 que foram criadas. Embora as capitanias possam ter fracassado como plano político, elas foram importantes para o povoamento efetivo e foram o vestíbulo do sistema agrário do açúcar.

Mapa 1.1 – Capitanias hereditárias

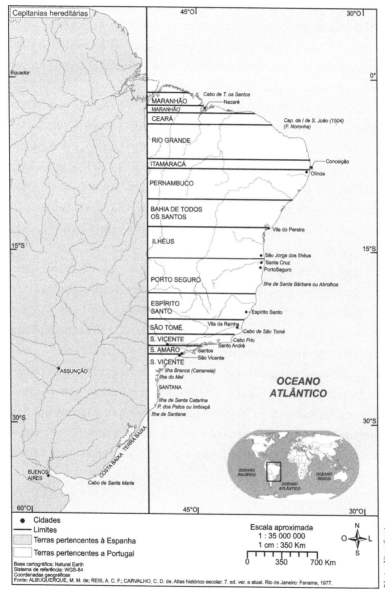

A chegada de Martim Afonso de Sousa foi o ponto principal da fundação da primeira paróquia de direito e de fato do Brasil, dedicada à Nossa Senhora da Assunção e cujas capelas foram dedicadas a Santo Antônio, à Santa Catarina e à Madre de Deus. O nome de Gonçalo Monteiro e de Padre Simão de Lucena são registrados como párocos dessa primeira base da hierarquia brasileira.

A segunda paróquia é a de São Salvador do Mundo, em Olinda, Pernambuco, criada em 1534, cujo primeiro pároco foi Pedro da Figueira. Em 1535, foi fundada a paróquia de Igarassu, Pernambuco. Em 1538, em Porto Seguro, foi criada a paróquia de Nossa Senhora da Penha, cuja capela era a de Santo Amaro do Porto de Santa Cruz, mas, em 1549, sua denominação foi alterada para Nossa Senhora da Conceição. Na verdade, essa era mais antiga, mas havia sido destruída pelos piratas franceses em 1536.

Em 1541, surgiu a paróquia do Espírito Santo, sediada na matriz de Nossa Senhora da Vitória. Em Santos, criou-se a paróquia de Nossa Senhora da Conceição em 1549. No mesmo ano, fundou-se, em Salvador, a primeira paróquia da Bahia, dedicada à Nossa Senhora da Ajuda, onde também ficou sediado o governo-geral do Brasil.

A Coroa Portuguesa, no entanto, não conseguiu criar estrutura eclesiástica eficiente (Vieira, 2021a), e a documentação dessas primeiras paróquias é escassa. Para entender melhor o funcionamento das paróquias, podemos retornar ao imaginário e às práticas portugueses no que se refere à estrutura político-religiosa, tendo como base o padroado.

Curiosidade

As igrejas mais antigas do Brasil ainda em funcionamento são:

- Nossa Senhora dos Passos (Porto Seguro, Bahia, 1535): recebeu a primeira Casa de Misericórdia do Brasil.
- Igreja da Graça (Salvador, Bahia, 1535): conhecida por ter sido erigida por um dos personagens mais notáveis da história colonial do Brasil, Diogo Alvarez Corrêa, o Caramuru.
- Igreja dos Santos São Cosme e São Damião (Igarassu, Pernambuco, 1535): durante a invasão holandesa sofreu graves danos, mas foi restaurada em 1654.
- Igreja Nossa Senhora do Monte (Olinda, Pernambuco, 1537): erigida por Duarte Coelho Pereira.
- Igreja Nossa Senhora Santana (Ilhéus, Bahia, 1537): construída pela família do governador Mem de Sá.
- Nossa Senhora da Luz (São Lourenço da Mata Pernambuco, 1540): serviu de abrigo para os portugueses durante as ações de guerra dos invasores holandeses.
- Igreja de Nossa Senhora das Graças (Olinda, Pernambuco, 1551): ficou notória por ser uma base de apoio para ação missionária jesuíta.

Como a estrutura da hierarquia religiosa no Brasil parte do zero, as primeiras paróquias estavam vinculadas à diocese de Funchal, na Ilha da Madeira, em Portugal, porém, à medida que o processo de povoamento progredia, essa situação mudava. Com o desenvolvimento e com o aumento da população colonial, foi necessária a criação de uma diocese própria para as comunidades.

O padroado pressionava o rei a construir paróquias porque considerava que os reis seriam como vigários de Cristo, logo, a evangelização era um dos objetivos mais importantes que um monarca poderia alcançar. Essa visão, apesar de cunhada na Idade Média, ainda continuava ativa no mundo lusitano. O padroado também era baseado em um sistema burocrático complexo, no qual os responsáveis pastorais eram escolhidos por uma decisão monárquica. Entretanto, a realidade da expansão da Igreja não pode ser medida apenas na fundação dessas estruturas da hierarquia. Na prática, ao longo da costa brasileira, acontecia uma ação dos colonos e dos sacerdotes, os quais participavam na criação de feitorias e edificavam igrejas enquanto organizavam sua comunidade eclesiástica.

Um ponto importante que destacamos são experiências de um catolicismo semilaico na colônia, contrariando, dessa forma, as perspectivas que alegam o total abandono da terra brasileira. Como exemplo desse catolicismo semilaico, citamos europeus náufragos e desterrados que se misturaram aos nativos e os aproximaram do pensamento cristão. Segundo a visão desses indivíduos, essa aproximação seria como uma missão pessoal, inclusive, poderíamos chamá-los de *primeiros "diplomatas"* da relação dos nativos com os colonizadores. Alguns, como João Ramalho e Alvarez Corrêa, foram importantíssimos para o desenvolvimento de uma estrutura brasileira de urbanidade e governo.

Outro ponto importante é que os povos nativos não tinham o mesmo desenvolvimento cultural e material dos povos asteca, maia e inca, por exemplo, que mantinham uma organização de cidade que lembrava as estruturas urbanas europeias. A sociedade desses povos mantinha práticas de ensino e de religiosidade assentadas ao redor de um corpo de indivíduos institucionalizados para essas finalidades.

Importante!

Fazemos essa comparação entre os povos nativos do Brasil com os de outras regiões do continente para destacar que os povos daqui não tinham uma unidade linguística forte, muitos deles eram nômades, e as concepções religiosas também não eram tão elaboradas como as dos povos inca, maia e asteca. Nesse contexto, as experiências de evangelização no restante do continente foram diferentes das ocorridas no Brasil. Por essa situação, a evangelização teve de criar seus próprios métodos para converter os indígenas do Brasil, diferentes do restante do Novo Mundo.

Como a unidade linguística e cultural era muito diferente em relação ao que os missionários conheciam no restante do mundo, a evangelização do Brasil teve várias etapas, todas complexas e que resultaram em um sistema novo. Entretanto, a civilização brasileira ganhou seus primeiros passos com esses náufragos, exploradores e aventureiros que iniciaram, de maneira espontânea, a evangelização e a aproximação com os nativos.

A evangelização ostensiva por parte da Coroa foi lenta em razão das dificuldades do novo território, como já citamos antes, portanto é possível considerar que quase não havia cristãos europeus diretos no território brasileiro no início do período colonial.

Em cartas, os jesuítas reproduziram os relatos de degradados abandonados e de figuras célebres, como João Ramalho, cujo nome aparece na chancelaria de D. João II; Diogo Alvarez Correia, o Caramuru, citado nas crônicas de Frei José de Santa Rita Durão; e Jerônimo de Albuquerque, que participou da expedição do primeiro donatário da Capitania de Pernambuco.

João Ramalho foi vítima de naufrágio ocorrido no ano de 1513, que o obrigou a viver entre os nativos tupiniquins e, inclusive, a se casar com Bartira, filha do Cacique Tibiriça, outro vulto da história da cristianização do Brasil. Essa situação o transformou em um dos pivôs da aproximação pacífica entre os indígenas e os portugueses. Ramalho fez amizade com Martim Afonso de Sousa, a quem ajudou na fundação da Vila de São Vicente, visto que residia em outra cidade próxima que, mais tarde, transformou-se em vila, Santo André da Borda do Campo. João Ramalho exerceu os cargos de vereador e de alcaide e participou também da defesa do Brasil contra piratas. Uma das marcas de sua biografia foi o grande número de filhos mamelucos, fato comum entre os desbravadores do Brasil. Prova de que a miscigenação ocorreu já nos primeiros anos de povoamento do território brasileiro. O movimento bandeirante o tem, em sua memória, como patrono. Apesar de suas desavenças com alguns sacerdotes, João Ramalho também foi um braço de Manoel da Nóbrega no controle do comportamento dos padres recém-chegados ao Brasil.

A participação de grupos nativos em aliados dos colonizadores, principalmente contra estrangeiros, repete-se muito no Brasil colonial. Fatos da união entre colonizadores e nativo negam o mito de que o único objetivo dos portugueses era a escravização dos indígenas. A conversão era o ideal dos missionários e do alto escalão dos governos.

Contudo, na historiografia clássica, como a de Sérgio Buarque de Holanda, identificamos o pensamento do colono comum que, em muitos casos, tinha a tendência para a escravização. Essa era uma postura que existiu na história da colonização, mas não era o único objetivo da colonização como apontam Dilermando Vieira (2021a) e Tito Ferreira (1957).

Diogo Álvares Correia também foi vítima de um naufrágio com mais seis homens, provavelmente na costa da Bahia, do qual se salvaram do mar, mas não dos tupinambás: ele foi o único a não ser devorado no ritual antropofágico a que eram submetidos os inimigos de vários grupos nativos. Várias etnias indígenas acreditavam que, ao comer a carne do inimigo, suas qualidades passariam para aqueles que a consumiam. Esse tipo de ritual era realizado de maneira horrenda, que explicamos resumidamente: a vítima era estripada, esquartejada e seus restos fervidos em panelas. Diogo Álvarez Correia escapou desse ritual em razão de estar doente. O convívio com os nativos gerou uma lenda tradicional, talvez uma das primeiras do Brasil, a qual descrevemos a seguir.

Uma das narrativas mais conhecidas de sua figura, a de Santa Rita Durão, relata que, ao ser flagrado por nativos quando disparava sua arma de fogo em direção à presa em uma caçada, os indígenas teriam exclamado "caramuru", palavra indígena que significa *filho do trovão*. Como os indígenas nunca tinham visto uma arma de fogo, interpretaram que Diogo Álvarez Correia detinha poderes mágicos. Por esse motivo, os indígenas lhe ofereceram a filha do chefe Taparica, e ela iria se tornar outra figura da literatura colonial, Paraguaçu.

Outro fato curioso: depois de prosperar economicamente, Caramuru foi à França, a convite do explorador francês, Jacque Cartier, conhecido por levar indígenas à Europa, como atração de curiosidade científica.

A esposa de Caramuru foi batizada como Catarina Álvarez e os dois, finalmente, puderam casar-se de acordo com o sistema de sacramento católico. Esse fato é considerado como a constituição do primeiro matrimônio de um casal cristão católico brasileiro e firmou a relação entre portugueses e tupinambás, desde os primeiros anos da colônia.

Outra função importante de Diogo Álvares foi a de preparar a chegada de Tomás de Sousa, missão que recebeu diretamente da monarquia portuguesa. Sua esposa merece destaque também por ter uma vida piedosa, pediu construção de uma igreja em honra de Nossa Senhora da Graça.

Vieira (2021a, p. 15) conta que Paraguaçu estava envolta em um dos primeiros eventos marianos registrados no Brasil: "Diz-se que a Virgem Maria lhe teria aparecido em sonho, após o que, foi encontrada numa praia uma imagem da Virgem que tinha o semblante igual àquele com que sonhara". A igreja pedida por Paraguaçu ficou pronta em 1534 e foi entregue como herança ao mosteiro beneditino, juntamente às terras circunstantes, após sua morte. Um caso interessante para demonstrar que a religiosidade e a fé, no Brasil, promulgam-se pelo pequeno semblante de modo orgânico, formando uma religião popular, que será a base de sustentação dos anos seguintes, quando as forças governamentais estiverem politicamente aversas ao catolicismo.

O terceiro personagem que destacamos chamava-se Jerônimo Albuquerque e era cunhado do primeiro donatário do Brasil, Duarte Coelho. Durante uma batalha com os tabajaras, foi ferido por uma flechada e perdeu um dos olhos. Capturado, prestes a ser morto, teve seu destino mudado pela filha do cacique tabajara Unira Ubi. Ao desposar a índia Muíra Ubi, selou outro acordo de paz. Seus filhos participaram da fundação de diversas cidades e da luta contra os franceses. Muira Ubi foi batizada e recebeu o nome de Maria do Espírito Santo do Arcoverde.

A Coroa Portuguesa, depois de 1532, empreendeu várias expedições com a finalidade de ocupação e povoamento do patrimônio de Cristo. Essas expedições tinham o objetivo de nomear os acidentes geográficos do Brasil, ou seja, os locais do Brasil receberam os nomes em virtude de fatos, datas religiosas e santos.

A Companhia de Jesus chegou ao Brasil em 1549, a pedido do rei de Portugal. Os membros da Companhia apontaram indivíduos do clero que ficavam neutros ou que consentiam a ação de aprisionamento dos índios pelos colonos, e certa tolerância para com os casos de concubinato.

Os sacerdotes, em alguns casos, cometiam desvios de conduta do concubinato até o desleixo para com a aplicação dos sacramentos. Longe do controle de superiores, esses sacerdotes de menor seriedade com a missão declinaram para situações inimagináveis em locais onde a hierarquia estivesse ordenada, mas devemos frisar que existiram, entre os sacerdotes, vários que foram apontados como virtuosos e bem formados. Alguns, inclusive, ingressavam nas missões em terras desconhecidas em busca do martírio para expurgar seus pecados da vida pregressa.

As reclamações dos jesuítas eram escritas em seus relatórios, nos quais também havia elogios a muitos clérigos. Quando consideramos a proporção de clérigos existentes e aqueles saudados pela sua capacidade e pelo seu respeito à missão, a porcentagem de positividade na ação dos missionários era superior a seus desvios. Esse fato pode ser verificado pelas cartas dos jesuítas que traziam elogios a diversos padres (Alencar, 2019).

A missão no Brasil não poderia ser efetivada, nem chamada de *cristianização* se o sistema básico de organização não fosse instalado. A Igreja católica sempre foi uma sociedade da união de bispos, sacerdotes locais e papado. A hierarquia tinha de ser estruturada. O direito de padroado interferiu na formação dessa hierarquia pelo fato de colocar que, nas terras descobertas da Ordem de Cristo, a jurisdição espiritual estaria atrelada ao responsável pela parte espiritual da Ordem, no caso, o prior de Tomar, cidade em Portugal fundada pelos templários.

A Igreja autorizava o padroado, cujo patrono deveria organizar a estrutura eclesiástica na terra de sua jurisdição. Portanto, era responsável pela construção e conservação das igrejas e pelo sustento do culto e dos clérigos. No caso português, a escolha dos jesuítas foi diretamente um pedido dos monarcas portugueses. Até mesmo antes do aceite de sua regra pelo Papa Paulo III, em sua bula *Regimini militantis Ecclesiae*, em 1540, o padroado estendia seus direitos sobre a questão de indicação de bispos e de outras dignidades eclesiásticas.

Nesse contexto, o prior de Tomar, como superior da ordem religiosa, não respondia a nenhum bispo e elegia clérigos para benefícios eclesiásticos em locais onde ele era o patrono, como foi o caso do Brasil. Além disso, várias funções também estavam em sua jurisdição: determinar penas canônicas como interdito e excomunhões; enviar bispos para tarefas especiais; deposições. O caso dessa espécie de prelado é chamado de *nullius*, isto é, prelado que não depende de nenhuma diocese[3].

O prior de Tomar era o superior hierárquico da Igreja do Brasil até a bula de Leão X, a *Pro excellenti*, de 1514, a qual criou a diocese de Funchal e incorporou o Brasil ao território dela.

O segundo passo foi a elevação dessa diocese à arquidiocese e sede metropolitana por meio de outra bula, a *Aequum reputamos*, de 1534, de Paulo III, que elevou a freguesia ao nível de paróquia e impulsionou a criação da diocese de Salvador, na Bahia, em 1551, assim escolhida por ser a primeira cidade fundada no Brasil, ou seja, não era uma vila, pois apenas cidades recebiam episcopados.

Devemos apontar que o fato de a cidade Salvador ter sido a sede do governo-geral do Brasil pesou na instalação de episcopado, entendido como um regulador da ordem pública, dos costumes, e, o mais importante, a atenção aos indígenas convertidos, ou catecúmenos. Os jesuítas começam a despontar na gestão espiritual e política do Brasil.

---

3 No Brasil, temos o caso da Abadia de Nossa Senhora de Montserrat, no Rio de Janeiro, local do Mosteiro de São Bento, a qual se configurou, até 2003, como uma abadia territorial à imagem do prelado *nullius* (Alencar, 2019).

A figura de Manuel da Nóbrega surge nesse momento. Como superior da missão jesuíta, ele foi responsável pelo pedido ao Rei Dom João III de um bispado no Brasil. Como o rei era grão-mestre da Ordem de Cristo, entrou em contato com Papa Júlio III, que enviou Dom Pero Fernandes Sardinha, conhecido como Fernandes Sardinha. Em 1551, por meio da bula *Super specula militantis ecclesiae*, o Papa Júlio III também estabeleceu Salvador, na Bahia, como a primeira diocese, desligando-a de Funchal, a qual era longe demais do Brasil, mas tendo Lisboa como sufragânea[4].

O documento mantinha o direito de padroado do rei de Portugal como grão-mestre da Ordem de Cristo, o que lhe dava o direito de indicar o bispo para a diocese de Salvador, que, caso fosse confirmado pelo papa, era nomeado. Um ponto importante é que o bispo não poderia ser demovido pelo papa sem o aceite do rei patrono.

Em 1676, a diocese de Salvador tornou-se uma arquidiocese por um pedido de Dom Pedro II de Portugal ao Papa Inocêncio XI. Algum tempo depois, recebeu a função de Sé Metropolitana Primacial. Os arcebispados da Bahia, em 1844, passaram a exercer suas atividades jurisdicionais metropolitanas sobre as dioceses africanas de São Tomé, Angola e Congo. A diocese de São Luís do Maranhão foi criada de um desmembramento da de Olinda, configurando uma situação inusitada: estar ligada diretamente ao patriarcado de Lisboa. Contudo, o primeiro documento do Arcebispado da Bahia foi redigido após um sínodo em 1707, solicitado por Dom Sebastião Monteiro da Vide, sendo um dos documentos que marcam a história da Igreja no Brasil (Alencar, 2019).

---

4 Significa que o bispo metropolitano de Lisboa está subordinado ao bispado brasileiro.

1.4 O primeiro bispo e a primeira diocese

O primeiro bispo do Brasil chegou em 1552, trazendo clérigos, paramentos e sinos. Por ser doutor em Direito Canônico, Dom Pero Fernandes Sardinha tinha total visão da estrutura eclesiástica que implementaria na colônia. Ele instituiu três paróquias: Nossa Senhora D'Ajuda, Nossa Senhora da Vitória da Vila e São Jorge de Ilhéus. Apesar do conhecimento e da autoridade, o primeiro bispo teve um governo curto, marcado pela desavença com os jesuítas e com o governador-geral.

Os problemas decorreram pelo fato de o bispo seguir exatamente o que a bula *Super specula militantis ecclesiae*, do Papa Júlio III, que criava a diocese do Brasil, pedia: o bispo deveria residir na diocese, aumentar o número de edifícios de culto, instituir a catedral, criar o cabido e os benefícios eclesiásticos que lhe parecessem adequados, realizar o que "julgasse conveniente" para a "salvação das almas" e para "converter os infiéis ao culto da fé ortodoxa".

Uma prerrogativa especificada na bula, pouco notada, é relevantíssima e deve ser evidenciada: "exercer a jurisdição episcopal, autoridade e poder e livremente executar todas e cada uma das causas que outros bispos do reino e dos domínios de Portugal podem nas suas igrejas cidades e dioceses" (Paiva, 2006, p. 16).

O Bispo Dom Pero Fernandes baseou-se nos princípios que moviam o Concílio de Trento, então em curso. Os embates com os jesuítas foram vários, e o bispo classificou-os como condescendentes com os indígenas. Veremos que os jesuítas constituíram uma ordem nova dentro da Igreja no contexto da Reforma protestante, seus métodos e sua estrutura foram uma novidade ainda não assimilada pela hierarquia da Igreja. Por isso, o bispo entendia a prática de alguns indígenas que observava como não ortodoxas, acirrando o desentendimento com os missionários jesuítas. Os jesuítas permitiam, por exemplo, que os nativos utilizassem seus instrumentos musicais na liturgia, assistissem à missa nus e confessassem via intérpretes.

Por ter outra formação e não conhecer a realidade daqueles povos nativos, o bispo fomentava em seu imaginário que aquilo era um perigo para a pureza da fé. Em sua perspectiva, o sincretismo deveria ser evitado pelo fato de o Brasil ser um local onde o cristianismo estava ainda sem raízes fixas.

Outro ponto que deve ser ponderado é o contexto das reformas e ações de separação que a Igreja enfrentava na Europa, uma vez que o bispo tinha os princípios e alertas que mantinham o Concílio de Trento vivo em sua mente. Os desvios eram inaceitáveis para qualquer clérigo instruído e fiel à missão da Igreja. O tempo provaria que os métodos jesuíticos eram os mais eficientes para cristianizar os povos nativos do Brasil, contudo, naquele momento, eram novidades. Essa situação, de certo modo, poderia ser considerada inusitada, tendo em vista que os jesuítas chegaram antes dos bispos e foram eles que pediram um bispado para o Brasil, a fim de poder realizar os sacramentos da melhor forma.

Preste atenção!

Durante o período de formação da hierarquia da Igreja no Brasil, paralelamente ocorreram os movimentos da Reforma e da Contrarreforma, ou reforma católica. Esses movimentos foram notórios pelas reformas luterana, calvinista e anglicana. Quando Dom Pero Fernandes implementou sua administração, teve de iniciar a construção de uma hierarquia e de uma comunidade cristãs em plena situação de crise teológica dentro da Igreja. Ressaltamos, nesse sentido, que ele tinha os motivos da Reforma vivos em sua memória e em sua vivência. Em outras palavras, sabia que o abandono dos fiéis e a má formação dos clérigos poderiam facilitar uma deformação daquela comunidade cristã em criação no Brasil.

Nesse contexto, existia a prática de manter a uniformidade dos ritos e dos sacramentos, porque qualquer desvio, nesse período, era duramente criticado, não por tradicionalismo puritano, mas porque os sacerdotes sabiam que, na Europa, havia movimentos contra a Igreja. O Brasil não estava desvinculado do restante da história da Igreja, pois os eventos da Europa tinham eco nas ações da hierarquia local.

O prestígio que os jesuítas gozavam com o rei lhes concedia um poder equiparável ao do bispo, entretanto, como eram fiéis à hierarquia e aos ensinamentos da Igreja, não consideravam os privilégios, mas a importância da conversão correta das almas. Assim, pediam alguém que pudesse realizar os ritos sobre os óleos de batismo dentro do território da missão.

Em 1552, instalou o cabido da Sé (conjunto de eclesiásticos que aconselham o bispo). A mente do bispo estava decidida a firmar uma base de evangelização, e a prática daquele novo mundo o chocou, criando um mal-estar em todo o seu curto bispado.

Contudo, o problema maior viria na questão com Duarte da Costa. O bispo acusava o governador-geral de não fazer nada em relação ao comportamento devasso de seu filho, Álvarez Costa. Durante seus sermões, as atitudes de Álvarez Costa eram admoestadas, o que fez o filho do governador-geral criar um partido de oposição ao clérigo. Todos esses problemas seriam expostos em forma de queixa na Europa em 1556. Porém, a história foi outra: o navio em que estava ficou encalhado na foz do rio São Francisco e Coruripe, e os cerca de 100 viajantes foram capturados e mortos, muitos devorados em rituais antropofágicos dos caetés. Entre os canibalizados, estava o primeiro bispo do Brasil. Somente em 1559, Dom Pedro Leitão ocupou o governo episcopal, que seria mais duradouro e conseguiria realizar atividades essenciais para o deslanche da evangelização.

Dom Pedro Leitão institui o primeiro seminário diocesano do Brasil atendendo a dispositivo instaurado no Concilio de Trento. Ressaltamos que o Brasil ganhou um bispado no exato momento em que movimentos protestantes criavam belicosidades e violências na Europa. O Concílio de Trento restaurou e preparou o catolicismo para as adversidades das revoltas protestantes. A questão da formação dos clérigos foi um ponto importantíssimo no século XVI pelo fato de a falta de instrução causar problemas que facilitaram, na Alemanha, o surgimento do luteranismo (Romanowski, 2019).

Portugal foi um dos primeiros reinos a efetivar as decisões conciliares, tanto que Dom Sebastião escreveu, em 1565, "a obrigação que a Coroa tem em seus reinos e senhorios é a conversão da gentilidade das partes do Brasil e a instrução e doutrina dos novamente convertidos" (Ferreira, 1980, p. 85). A instituição baiana teve uma existência breve e pouco documentada. Durante a união ibérica, o instituto foi reorganizado, mas fechou em seguida.

Dom Antônio Barreiros tomou posse como prelado em 1576, evidenciando os problemas da escolha de sucessores do episcopado brasileiro. Por vezes, esperava-se mais de uma década por um substituto. A multiplicação de estruturas jurídicas não é o que efetiva a conversão ou a cristianização das sociedades. No caso brasileiro, a forte fé popular ajudou a hierarquia a contrapor os ataques de outros grupos anticristãos durante os anos seguintes da formação da Igreja do Brasil. Além disso, a estruturação de uma hierarquia nos séculos XVI e XVII é importantíssima para qualquer local católico, uma vez que, na Europa, ela é atacada em várias frentes.

O Brasil tem o privilégio de surgir no momento de maior reestruturação da Igreja no mundo, em que ela absorve todas as ferramentas modernas que o catolicismo desenvolve para evitar rupturas e obstáculos em sua missão. A escolha dos bispos no Brasil era um processo composto de diversos estágios. O rei escolhia um dos candidatados, o qual poderia receber ou não a jurisdição papal. A aprovação do papa sempre foi afirmativa, excetuando-se o pequeno período antes de Portugal tornar-se independente das Coroas Ibéricas, entre 1640-1670. O rei também recebia, durante o processo, auxílio dos conselheiros, ministros e cortesão. O processo, por isso, era considerado muito informal e pouco registrado. Quando a diocese era fora do reino, existia a figura da Mesa da Consciência, um conselho criado em 1532, articulado para funcionar na administração dos mestrados das ordens militares, em especial a Ordem de Cristo.

Durante o período da União Ibérica (1580-1640), o processo de eleição tornou-se mais formal: iniciava com a coleta de pareceres escritos do vice-rei ou dos governadores, que, no caso brasileiro, podiam consultar a Mesa de Consciência e Ordem; em seguida, eram enviados para análise e deliberação do Conselho de Portugal, que preparava a consulta em que o rei se basearia para aprovar ou não os candidatos. Em casos mais densos, o rei consultava seus confessores privados.

Depois da Restauração de 1640, a mando de Dom João VI, o Conselho Ultramarino passou a ser ouvido nas nomeações dos bispos, uma vez que os bispos não eram somente uma questão religiosa, mas também um negócio político, relacionado, portanto, ao funcionamento da economia e dos privilégios que pautavam o modelo de atuação dos reis lusitanos.

Os aspectos investigados e ponderados eram os méritos pessoais dos candidatos, a carreira, a linhagem e os serviços prestados à Coroa. Embora a escolha dependesse exclusivamente da cautela e do julgamento do rei, os aspectos teológicos da formação do candidato pesavam muito na escolha. Dom Pedro Fernandes Sardinha, por exemplo, tinha elevada formação acadêmica em teologia, o que pode ser considerado como exemplo da preocupação real com a questão de fé na "colônia de exploração", como argumenta Caio Prado Júnior. Em sua obra clássica *A formação do Brasil contemporâneo*, publicada pela primeira vez em 1942, esse autor relaciona o povoamento do Brasil "a simples empresas comerciais" (Prado Junior, 1961, p. 15).

Durante o período dos Habsburgos[5] em Portugal, as escolhas episcopais focaram nos clérigos que tivesse ligação com o Santo Ofício. Isso porque, como não existia um tribunal distrital no Brasil, os bispos funcionariam como instrumentos de controle da ação das comunidades de cristãos-novos da região. Depois da Restauração, em 1640, a formação teológica e a proximidade com a Coroa voltaram a ter importância.

As dioceses do reino eram mais buscadas pela nobreza, e as do Brasil ficavam mais nas escolhas movidas por sugestões de superiores do clero regular. Quando o candidato era associado à Universidade Coimbra, suas chances de escolha eram mais concretas, contudo, a consciência do monarca era o verdadeiro dispositivo de aprovação dos futuros bispos do Brasil.

1.5 A expansão das dioceses

Após a fundação da diocese de Salvador, o Papa Gregório XIII criou a prelazia de São Sebastião do Rio de Janeiro em 19 de julho de 1575, por

---

5 Os Habsburgos foram uma das famílias nobres da Europa com mais hegemonia política nos reinos da região desde o século XIII. Em Portugal, essa família foi soberana de 1580 até 1640, quando ocorreu uma revolta contra a tentativa dos Habsburgos de evitar a independência de Portugal. O resultado do movimento foi a instauração da dinastia de Bragança e uma situação de guerra por 28 anos com a Espanha.

meio da bula *In Supereminenti Militantis Ecclesiae*. Tratava-se de uma prelazia territorial, subordinada à diocese soteropolitana e que foi elevada à diocese em 16 de novembro de 1676, quando também foi criada a Diocese de Olinda. Posteriormente, criou-se, em 30 de agosto de 1677, o quarto bispado brasileiro, sediado em São Luís do Maranhão. (Alencar, 2019).

Prelazia[6] é o território eclesiástico, separado de uma diocese, no qual a autoridade é exercida pelo prelado, subordinado diretamente ao papa. O prelado, mesmo quando é um sacerdote sem o grau do episcopado, ainda assim, tem todas as faculdades e privilégios dos bispos, exceto o poder de ordenar.

O prelado observa o mesmo processo do bispo, ou seja, deve ter formação em teologia ou direito canônico, passar pelas avaliações formais e informais e pela Mesa de Consciência e Ordens para, finalmente, ter a aprovação papal.

Destacamos duas prelazias importantes no início do Brasil: a do Rio de Janeiro e a de Pernambuco.

A prelazia do Rio de Janeiro foi aprovada por Gregório XIII, na bula *In Supereminente*, de 1575, por meio da qual se emancipou do episcopado baiano. No Rio de Janeiro, apareceu o problema da evangelização dos indígenas e da ação dos colonos, que começaram a escravizá-los.

A liberdade dos nativos configurou-se como um tema que percorreria toda a história colonial, tratado não somente no Brasil, mas também em todo o Novo Mundo, debatida por teólogos como Francisco de Vitória e Bartolomeu las Casas. O Rio de Janeiro, em razão de sua posição portuária privilegiada, viria ser alvo de incursões de piratas protestantes desde muito cedo na história brasileira. O desejo de apropriar-se do comércio fez esses grupos receberem apoio até dos monarcas franceses, portanto teria de receber uma evangelização rapidamente.

---

6 As prelazias tradicionalmente são territoriais, porém o Código de Direito Canônico de 1983 inovou ao trazer a figura jurídica da prelazia pessoal (Alencar, 2019).

A preocupação com essas estruturaras está atrelada a mesma preocupação da educação que vimos na tentativa de fundar o seminário diocesano. Os ecos dos problemas que Igreja enfrentava nos séculos XV e XVI são vivenciados pelos católicos luso-brasileiro (incluindo os nativos convertidos, escravizados e mamelucos). O sistema de dioceses portuguesas tem uma temporalidade diferente da hispânica, tanto que, quando fundado o primeiro bispado do Brasil, em 1551, a América castelhana contava com mais de 20 dioceses.

O número de dioceses brasileiras sempre foi muito reduzido no período colonial. Depois da fundação da diocese de Salvador, na bula *Inter Pastoralis Oficii Curas* de 1676, Inocêncio XI elevou Salvador à condição de Arquidiocese e a sede metropolitana com Dom Estevão dos Santos Carneiro de Moraes, da Cônegos Regrantes de Santo Agostinho (CRSA).

As paróquias conseguiam atender às necessidades religiosas dos grupos concretos de fiéis, aqueles instruídos e praticantes dos ritos e sacramentos da Igreja. Contudo, o caso brasileiro apresentava a necessidade da evangelização do indígena, o que significava, em muitos casos, lidar com indivíduos guerreiros e antropófagos. Os indígenas, além de conhecedores de seu território, cultivavam grande variedade de idiomas e costumes difíceis de serem dominados e cristianizados. A população dos nativos deveria aproximar-se de cinco milhões de indivíduos. Outros aspectos que dificultavam esse processo eram a falta de um desenvolvimento material – não conheciam ferro, nem a arte de moldar metais – e a inexistência de um sistema de escrita, o maior problema para a comunicação e a evangelização dos povos indígenas daquele recorte da história do brasil.

A metodologia jesuíta, alinhada à erudição particular de seus membros, conseguiu suplantar esses desafios criando, com suas análises, as bases de uma pedagogia, uma antropologia e uma forma de sistematização de dados quase científica.

A evangelização no Brasil passa pelo âmbito do funcionamento do padroado, por isso as forças eclesiásticas e governamentais mantinham-se unidas, mas nem sempre de acordo com os procedimentos mais adequados para a finalidade original da Ordem de Cristo: a proteção do cristão e a ampliação da divulgação do evangelho. Apesar dos problemas desse dispositivo, o dinamismo dado à evangelização criou um caráter próprio ao catolicismo brasileiro. Posteriormente, seria um fardo para a hierarquia, mas devemos observar que esse recorte da estruturação foi de grande valia para a Igreja do Brasil.

A diocese do Maranhão, criada em 1677, tem um destaque especial por ficar em sufragâneo com Lisboa, formando, assim, dois estados autônomos: o do Brasil e o do Maranhão. Portanto, a América portuguesa teve uma divisão territorial, mas não nas mesmas proporções que a hispânica.

Essa separação teve vários momentos: a capitania do Grão-Pará foi integrada ao Maranhão em 1654, recebeu o nome de Estado do Maranhão e Grão-Pará e a cidade de São Luís permaneceu como capital. Em 1737, Belém passou a ser a capital e, alguns anos depois, o nome do estado mudou para Grão-Pará e Maranhão. No final do século XVIII, houve a divisão em dois estados: (1) Grão-Pará e Rio Negro, cuja capital era Belém e (2) Maranhão e Piauí, com sede em São Luís. Em 1774, foram transformados em capitanias, reagrupados ao Estado do Brasil e governados pelo vice-rei instalado no Rio de Janeiro.

A autonomia desses estados não era somente burocrática, o Grão-Pará resistiu à anexação ao Império brasileiro em 1823, provando que, em seu interior, existia outra mentalidade. Foi necessário inserir, na Constituição de 1824, que o herdeiro da Coroa brasileira deveria receber o título de príncipe do Grão-Pará.

A lentidão na criação de episcopados ativou a instauração de prelazias no Brasil. A diocese de São Salvador tinha um território que englobava a área determinada pelo Tratado de Tordesilhas, era uma área vasta que tornava a visitação do bispo impraticável. O crescimento da população para o sul do continente criou a necessidade de instituir um governo na região em desenvolvimento, o qual foi sediado no Rio de Janeiro, com seus trabalhos ligados ao governo de Salvador. A circunscrição eclesiástica seguiu o mesmo caminho. O primeiro prelado foi Padre Bartolomeu Simões Pereira, que superou as dificuldades de seu território vasto e auxiliou as ordens dos beneditinos, dos franciscanos e das carmelitas a se estabelecerem no Rio de Janeiro. Em determinada ocasião, ele, inclusive, assumiu o cargo de governador, que ficou vacante. Possivelmente, morreu envenenado em 1602.

A segunda prelazia de destaque é a de Pernambuco, cuja criação estava atrelada ao desenvolvimento dos povoamentos ao norte da Bahia. Foram necessárias duas bulas – uma em 1611 e outra em 1614 – para definir sua área de jurisdição. Seu território abarcava não apenas a capitania de Pernambuco, mas também as de Itamaracá, da Paraíba e do Rio Grande até a linha equinocial. Um território enorme e despovoado, incluindo o Maranhão, que ainda enfrentava as ações francesas de pirataria. O prelado instalou-se em Olinda.

Dom Constantino Barradas, quarto bispo da Bahia, foi quem sugeriu a criação da prelazia para melhorar a evangelização daquele grupo esparso e crescente de almas e sugeriu que a prelazia do Rio de Janeiro fosse elevada à categoria de episcopado, facilitando o trabalho de evangelização e cortando custos financeiros nesses territórios vastos. O tamanho do Brasil sempre foi um desafio para a Igreja, mais à frente, veremos que, nos séculos seguintes, os problemas decorrentes dos vazios eclesiásticos terão longa duração nas discussões dos meios eclesiásticos nacionais.

Dom Diogo Meneses, governador-geral do Brasil, aprovou a criação da prelazia, criando até um administrador em Pernambuco. Formado em Direito Canônico, Padre Antônio Teixeira Cabral foi o primeiro prelado de Pernambuco, responsável por administrar essa área de população esparsa e território vasto. Padre Antônio Teixeira criou curatos e paróquias, fez visitações e fortaleceu a posição do bispo e do clero secular na evangelização ao transferir missões dos jesuítas e dos franciscanos para padres diocesanos. Criou também as paróquias no Ceará, no Maranhão e no Pará.

Um aspecto importante da ação do prelado ao fundar essas paróquias foi o esforço de dirigir a centralização da ação missionária nas mãos do clero secular. Durante seu governo, o clero aumentou tanto com vocações locais como vindas de Portugal. Após a morte do primeiro prelado, em 1620, Bartolomeu Ferreira Lagarto foi nomeado para o prelado e chegou a dar poderes de vigário-geral e provisor ao franciscano fr. Cristóvão (Alencar, 2019).

Por último, a Região Norte exigia a criação de uma circunscrição eclesiástica, a qual foi fundada no novo Estado do Maranhão, criado em 1621, que havia sido separado do Estado Brasil, como já citamos. A prelazia foi confirmada somente em 1677, mesmo com a necessidade de sua criação tendo sido destacada pela mesa de consciência e ordem em 1622.

1.6 O funcionamento do padroado

O padroado português foi instaurado em 1514 pela bula *Dum fidei constantiam*, por meio da qual Leão X concedeu ao rei português, Dom

Manuel, o padroado de todas as igrejas fundadas e a fundar no ultramar, o mestrado da Ordem de Cristo integrou-se definitivamente à Coroa, como citamos, desde o fim dos templários, ele fazia parte do legado português. É importante relembrarmos que esse direito concedia aos reis a prerrogativa de apresentar nomes ao episcopado de suas jurisdições. Paralelamente, ocorreu a fundação da Diocese do Funchal, em Portugal.

A passagem desse direito da ordem para a Coroa foi o reconhecimento jurídico à competência de Portugal para apresentar bispos para suas terras. A escolha dos reis trouxe benefícios para a missão. Dom João III contratou a Companhia de Jesus para propagar a fé em diversos locais. Por isso, nenhum ato da Companhia de Jesus, tanto na Índia quanto no Brasil, pode ser desvinculado da memória dos monarcas portugueses.

Apesar das lendas sobre o ganho comercial, em muito, os gastos dos reis com a evangelização traziam uma recompensa monetária ínfima.

Indicações culturais

CAMINHA, P. V. **A Carta a El-Rei D. Manuel**. Disponível em: <https://www.literaturabrasileira.ufsc.br/documentos/?action=download&id=117060>. Acesso em: 10 jan. 2023.

LÉRY. J. **Viagem à terra do Brasil**, também chamada América. Rio de Janeiro: Batel Editora, 2009.

STADEN, H. **Duas viagens ao Brasil**. Tradução de Angel Bojadsen. Porto Alegre: L&PM Editores, 2008. Disponível em: <https://prioste2015.files.wordpress.com/2018/10/duas-viagens-ao-brasil-hans-staden.pdf>. Acesso em: 10 jan. 2023.

A leitura desses três textos do período quinhentista possibilita amplo conhecimento a respeito da visões que diferentes personagens da história cultivavam sobre a nova terra, recém-descoberta.

CARAMURU: de lá para cá. Direção: Cristina Carvalho. 2009. **TV Brasil**, 30 mar. 2009. Disponível em: <https://www.youtube.com/watch?v=3Vf-p97Hf94>. Acesso em: 10 jan. 2023.

Composto por cinco episódios de, aproximadamente, 15 minutos, esse minidocumentário, produzido pela TV Brasil, retrata o local em que a história de Caramuru teria se passado, o possível local do naufrágio e histórias curiosas sobre a vida desse personagem da história e da literatura brasileiras.

DURÃO, J. de S. R. **Caramuru**. Brasília: Ministério da Cultura, Fundação Biblioteca Nacional, Departamento Nacional do Livro. Disponível em: <http://objdigital.bn.br/Acervo_Digital/livros_eletronicos/caramuru.pdf>. Acesso em: 10 jan. 2023.

Um dos textos fundadores da literatura brasileira, o poema épico "Caramuru" é baseado na história de Diogo Álvares Correia, o náufrago lusitano que se transformou em líder dos indígenas da tribo tupinambá, contada neste capítulo. A leitura pode proporcionar melhor percepção sobre os aspectos épico, mítico e romântico do período narrado pelo autor.

Síntese

Neste capítulo, evidenciamos como a estrutura da Ordem de Cavalaria dos Templários foi absorvida pela monarquia nascente de Portugal, que incorpora seus ideais à Ordem de Cristo. A função de proteger os peregrinos e de lutar contra os grupos muçulmanos tornou-se obrigação dos integrantes dessas ordens e auxilia na concretização da Reconquista, que saiu dos limites da Península Ibérica e atravessou os mares, junto aos descobrimentos. A evangelização passou a ser o mote da Ordem de Cristo, que, a cada expedição, levava esse espírito de cristianização com seus objetivos. O descobrimento do Brasil foi, portanto, uma ação de evangelização pensada desde a saída dos navegadores de Portugal, tanto que o Brasil teve uma missa como evento público de posse, mostrando a importância da ação espiritual de seus descobridores.

A evangelização e a ocupação das terras sempre foi binômio da ação dos governos portugueses no Brasil. A extensão do território brasileiro e a burocracia na indicação de bispos foram as principais causas que tornaram lenta a construção da hierarquia. Contudo, mesmo com os problemas exclusivos e inéditos do Brasil, nenhum deles impediu o surgimento de dioceses, prelazias e paróquias, que, com um clero próprio e com as linhas da cultura brasileira, desenvolveu-se de maneira natural. Ainda, destacamos que nem sempre os colonos e os governos estiveram concatenados com a missão dos clérigos, mas, mesmo assim, conseguiram suplantar os problemas. Apesar dos desvios de alguns clérigos, mesmo em um contexto tão único, a hierarquia se desenvolveu à sombra do padroado e das crises das Coroas ibéricas, mostrando que o número de missionários de alta formação suplantava qualquer anomalia de alguns.

Na Europa, a Igreja passou por provações no início da Era Moderna, enquanto, no Brasil, a Igreja nasceu graças à figura dos jesuítas, que conseguiram manter e desenvolver a Igreja do Brasil.

Atividades de autoavaliação

1. O descobrimento do Brasil foi fruto da junção de duas novas instituições da Era Moderna. Essas ordens foram:

   a) Ordem de Malta e a monarquia papal.

   b) A monarquia lusitana e a Coroa Ibérica.

   c) A Ordem de Cristo e a Liga dos Huguenotes.

   d) A Grande Ordem dos Templários e o Reino francês.

   e) A Ordem de Cristo e a monarquia portuguesa.

2. O ato de posse do Brasil foi considerado uma forma de "posse divina" por ter sido:
   a) um ato de troca comercial de relíquias por artefatos indígenas.
   b) um ritual sacro dentro das embarcações, com a participação dos clérigos portugueses.
   c) uma festa litúrgica lembrando os santos guerreiros de Portugal.
   d) uma missa cantada, realizada à beira-mar, com a participação dos portugueses e dos nativos.
   e) um cerimonial cavaleiresco entre o capitão da expedição e o padre Henrique de Coimbra.

3. Assinale a alternativa que indica o principal empecilho de governo do primeiro bispo do Brasil, Dom Pero Fernandes Sardinha:
   a) Por não ser jesuíta, tinha uma formação defasada, que o fez ser denunciado na Santa Inquisição.
   b) O fato de ser escravocrata afastou-o dos colonos, que eram totalmente a favor da evangelização dos índios.
   c) A visão de que os ritos deveriam seguir a cultura local tornou-o um inimigo do clero local.
   d) A amizade que cultivava com o governador-geral provocou inveja nos grupos menores, que o boicotaram de diversas formas.
   e) Os problemas com os jesuítas e o governador-geral causaram transtornos à sua administração.

4. A indicação de um bispo tinha como figura de consulta e decisão:
   a) os colonos e os nativos.
   b) o superior jesuíta e as ordens hispânicas menores.
   c) o papa e os bispos da Mesa de Consciência.
   d) o papa e o rei de Portugal.
   e) o Grão-mestre da Ordem de Cristo e os governadores-gerais.

5. Em razão da extensão do território brasileiro e de seu vazio populacional, qual circunscrição eclesiástica foi necessária para manter as ações missionárias ativas no Brasil?
   a) Feitorias.
   b) Paróquias.
   c) Munícipios.
   d) Províncias.
   e) Prelazias.

Atividade de aprendizagem

Questões para reflexão

1. Faça uma pesquisa em alguns livros didáticos e identifique se a história do Brasil ensinada na atualidade indica a ligação do descobrimento com os movimentos medievais de cavalaria e as Cruzadas. Com base no resultado de sua pesquisa, justifique as causas dessa realidade em um texto escrito.

2. A primeira Santa Missa realizada no Brasil foi um marco da posse divina da terra pelos membros da expedição de Cabral. A mentalidade da Ordem de Cristo era da conversão e da evangelização, por isso os membros daquele grupo português tinham no catolicismo mais do que uma prática externa, era intrínseco a seus objetivos de vida. Baseado em sua experiência própria, faça uma reflexão sobre a importância dessa cerimônia para aqueles navegadores depois daquela jornada perigosa. Escreva, com base nessa reflexão, um comentário sobre as diferenças entre a fé daquele momento e da atualidade.

Atividade aplicada: prática

1. Pesquise o nome do padroeiro, ou da padroeira, de sua diocese e indique, pelo menos, mais duas próximas a ela e a razão da escolha por essa devoção. Com as respostas, monte um quadro com pontos semelhantes entre as explicações das escolhas.

2

O papel da Companhia de Jesus na formação da Igreja no Brasil Colônia

Neste capítulo, trataremos da relação entre a monarquia portuguesa e uma das ordens religiosas mais importantes do século XVI, a Companhia de Jesus, de Santo Inácio de Loyola.

Apresentaremos a dinâmica de evangelização dos jesuítas, que englobava a educação formal dos nativos, sua instrução na ideia de civilidade cristã e sua proteção contra as ações escravagistas, comuns por parte dos colonos do Brasil.

Abordaremos os aspectos importantes da pedagogia jesuítica tanto na codificação da cultura nativa quanto na catequização, dando destaque às figuras dos padres Manoel da Nobrega e José de Anchieta.

Por fim, trataremos da supressão da Companhia a partir do governo pombalino, buscando mostrar como a ordem foi perseguida por tratar-se de uma corrente contrária às forças anticlericais que despontavam na sociedade política mundial até o século XVIII.

2.1 O reino de Portugal e a Companhia de Jesus

A Companhia de Jesus surgiu com a era moderna da Igreja. Enquanto os distúrbios do protestantismo ocorriam, Inácio de Loyola, por meio de uma experiência pessoal, desenvolveria uma nova visão da ideia de cavaleiro, ou militar clérigo. Paralelamente a seu surgimento, teve início o povoamento do Brasil, processo que nunca foi desvinculado da evangelização e que, no caso do Brasil, seria um desafio, como já afirmamos, pelo tamanho do território, pelas dificuldades logísticas e pelo confronto com uma vasta gama de grupos nativos, com as mais diversas culturas.

Esses grupos de nativos viviam em uma situação inédita para os missionários: a não existência da escrita, a cultura guerreira e o costume do ritual antropofágico. Esses desafios foram muito difíceis, mas, graças à ação dos jesuítas, não foi uma missão impossível porque eram indivíduos formados na cultura superior mais exemplar da Europa. Além disso, também atravessavam os mares para viver junto dos indígenas catecúmenos, muitas vezes, em condições paupérrimas, quase selvagens, sem lucro algum, a não ser o ganho de uma alma para Jesus Cristo.

No período inicial da colonização, a Ordem de Cristo teve sempre o intuito de evangelização, contudo foram os missionários jesuítas que mais alcançaram esse objetivo. Em 1540, Dom João III de Portugal pediu ao Papa Paulo III o envio de jesuítas a Lisboa. Apenas dois anos depois de seu reconhecimento pela Santa Sé, a Ordem passava a ter relações firmes com a monarquia lusitana. Loyola mandou, inclusive, Francisco Xavier para Lisboa, onde se tornou diretor do Real Colégio, anexado à Universidade de Coimbra. O monarca português contratou a Companhia para propagar a fé na África e, consecutivamente, em todos os locais onde a Ordem de Cristo colocaria sua bandeira. Doutor Miguel de Torres, membro da Companhia de Jesus em Portugal, escreveu sobre a ligação do rei com a ordem:

> D. João III esteja na glória, desejou a companhia de Jesus em suas terras, esperando por ministério cumprir dela com muitas obrigações que a Coroa tem, não só como Rei, mas ainda como Prelado, por ser ele e os seus descendentes, mestres (das Ordens) de Cristo, Santiago e Avis. Por cuja razão é pastor espiritual em todas as Índias e terras da sua conquista, e em muita parte do Reino. (Ferreira, 1980, p. 69)

Nenhum ato dos padres jesuítas, tanto na Índia quanto no Brasil, pode ser desvinculado da memória de D. João III, inclusive, em uma carta de 1551, o rei escreveu a Santo Inácio de Loyola as seguintes palavras: "Sabeis quanto contentamento tenho de ajudar e favorecer todas as coisas desta congregação e Companhia de Jesus para em meus reinos e senhorios ser muito aumentada" (Ferreira, 1980, p. 72).

Loyola respondeu informando que o rei os havia tratado de forma afetuosa e amável e ofereceu os serviços de seus seguidores para o reino. Além disso, escreveu que o rei era o "pai" da Companhia de Jesus. Assim, os pedidos para ir ao Estado do Brasil aconteceram logo em seguida.

Padre Simão Rodrigues de Azevedo, primeiro jesuíta a chegar a Portugal, escreveu que soube da criação do Estado do Brasil e pediu sua participação na conversão dos gentios daquela terra. Ele ajudou a fundar os novos estudos em Coimbra e solicitava sair da Corte para vir ao Brasil. Um pedido incrível para a época: trocar as Cortes europeias por uma choupana em um lugar desconhecido. Como disse ele, "deixar o melhor dos príncipes, pelos piores gentias" (Ferreira, 1980, p. 74).

Curiosidade

Santo Inácio de Loyola é de origem basca, foi educado nas Cortes reais e se destacou nas atividades militares diplomáticas. Após o ferimento sofrido no cerco de Pamplona em 1521, episódio que o deixou quase inválido, enquanto se recuperava leu a Escritura e obras como *Vida de Cristo*, de Rodolfo da Saxônia, e *Legenda Áurea*, livro de Jacobe de Varezze (1228-1298), que compara a vida cavalheiresca com a hagiografia de vários santos. Empolgado com a melhora de seu ferimento e com a emulação dos feitos de São Francisco, Loyola partiu para uma peregrinação à Terra Santa. A ideia central era passar o restante de sua vida em Jerusalém. No entanto, os superiores franciscanos o mandaram voltar. O sonho de converter infiéis não se realizaria no Oriente, mas com outro tipo de infiel, que nascia em seu momento. Retornando para sua terra natal, onde terminaria os estudos, juntou-se, em seguida, a alguns colegas para ir à Palestina, viagem que nunca se concretizou, o que fez Inácio e seus companheiros ficarem à disposição do papa. Em 1540, depois de superar o medo dos companheiros de que os votos religiosos fossem um obstáculo ao apostolado e à reação da Cúria Romana, que vira em seus projetos uma ruptura do que se conhecia de ordem religiosa, decidiu fundar a Companhia de Jesus, cujos membros passaram a ser chamados de *jesuítas*. Estes desenvolveram seu ministério da Itália à Índia, passando pela Alemanha.

Os trechos aqui citados nos fazem pressupor que a verdadeira intenção dos jesuítas era evangelizar, mesmo que tivessem de se reduzir à vida dos gentios. A proteção das almas, seja da perdição do estado de selvagem, seja uma possível cristianização em um pensamento herético, era mais forte do que a própria ideia de sobrevivência.

No momento em que os jesuítas chegaram a Portugal, o Rei Dom João III preparava-se para transformar a antiga Capitania da Bahia de Todos os Santos em sede do novo governo-geral do Estado do Brasil, indicando Tomé de Sousa como o primeiro governador-geral. O rei até escreve a seguinte carta para expor o que o governador-geral deveria fazer no Brasil:

> Eu o rei faço saber a vós Tomé de Souza, fidalgo de minha casa que vendo eu quanto serviço de Deus e meu é conservar e enobrecer as capitanias e povoações das terras do Brasil e da ordem (de Cristo) e maneira com que melhor e mais seguidamente se possam ir povoando para exaltamento da Nossa Santa fé. (Ferreira, 1980, p. 76)

Tomé de Sousa traria o primeiro regimento ao Brasil, o qual era uma constituição política outorgada ao Estado do Brasil. Esse regimento autorizava que se entregasse, livremente, a qualquer pessoa que pedisse, uma sesmaria, sem foro, mas com a cláusula de que o dízimo seria pago à Ordem de Nosso Senhor Jesus Cristo, porque ali era patrimônio da Ordem de Cristo.

Com essa informação, frisamos, mais uma vez, a ligação evangelizadora que todos os atos monárquicos do período de povoamento tinham em relação ao Brasil.

2.2 Os jesuítas e o governo-geral da Bahia

A cidade de Salvador foi fundada logo depois da chegada dos jesuítas para servir de capital do governo-geral do Brasil e recebeu a Diocese da Bahia, pedida pelo rei de Portugal ao Papa Júlio III. Nessa diocese, como já citamos, teremos a figura do primeiro bispo do Brasil, Dom Pero Fernandes Sardinha, o qual teve um governo curto e marcado por um conflito com os jesuítas. O fim trágico de sua missão fez dele um vulto nacional e uma figura histórica da Igreja no Brasil.

Os jesuítas participaram do governo de Tomé de Sousa nos campos espiritual e administrativo. O governador era quem provinha os valores e o sustento dos jesuítas, mas, nem por isso, eles tinham algum luxo ou conforto; na maioria dos casos, viviam em locais não muito diferentes das habitações dos nativos.

Em 1549, os padres Manuel da Nóbrega e Leonardo Nunes acompanharam as autoridades do governo em expedições ao sul, trabalhando na exploração e no mapeamento do território, sendo, de certa forma, os primeiros bandeirantes que o Brasil conheceu. Como vemos, os jesuítas exerceram atividades muito diversas daquelas a que foram instruídos. A estratégia de defesa da costa do território, por exemplo, também foi elaborada com base em sugestões de Nóbrega.

Padre Manuel Nobrega escreveu a Tomé de Sousa em 1559:

> Os cristãos nestas partes reformados em bons costumes e que fossem boa semente transplantada. Muitos meninos, pequenos nem grandes morrem sem ser de nós examinado, se deve ser batizado, e assim Nosso Senhor vai ganhando gente para povoar a sua glória e a terra se vai pondo em sujeição de Deus do governador. (Ferreira, 1980, p. 83)

Embora auxiliassem em outros pontos, a evangelização estava na pauta dos jesuítas e o importante eram os gentios da terra. Esse pensamento evangelizador dos jesuítas revelava sua ligação com as ações da monarquia, ou seja, ambos os extratos superiores da sociedade – o clerical e o régio – eram guiados pelo objetivo de converter ao catolicismo os nativos.

As questões de saúde, estrutura habitacional e catequização caminhavam juntas no cotidiano desses clérigos, e o embate cultural se manifestava desde os costumes de alimentação até, obviamente, o ritual de antropofagia, como já citamos.

D. Sebastião, em 1565, comentou "quão apropriado o instituto dos padres da Companhia de Jesus é para a conversão dos infiéis e gentios e instrução dos novamente convertidos" (Ferreira, 1980, p. 87). As funções dos jesuítas durante o período pós-reformas são evidenciadas nesse trecho. As ações dos grupos da Ordem de Cristo – conversão, combate contra os inimigos da fé e recondução ao seio da Igreja – eram praticamente louvadas pelo rei e estimuladas nos locais aonde os jesuítas chegaram.

A relação dos jesuítas com o governo continua com Dom Duarte da Costa, o segundo governador-geral, com quem, em 1553, chegaram 16 padres da Companhia de Jesus, entre eles, José de Anchieta e Luís Grã, que, antes de ingressar na Companhia, era reitor do Colégio das Artes, pertencente à Universidade de Coimbra.

A figura de Luís Grã é um exemplo do perfil desses homens que ingressam na Companhia de Jesus e entregam suas vidas pela missão no Brasil. Durante a administração do segundo governador, a missão jesuíta se elevou à categoria de província e Padre Manuel da Nóbrega tornou-se o primeiro provincial.

2.3 A atuação dos jesuítas em todo o Brasil

Embora seja possível afirmar que a missão jesuítica tenha se desenvolvido em um regime de penúria, os fatos sobre suas ações em campos diversos foram marcantes na história do Brasil e da Igreja. A Companhia, regida por Manuel da Nóbrega, fundou, em 1554, o Colégio São Paulo, e a responsabilidade de desenvolver a estrutura de ensino e de catequização ao redor do colégio coube a José de Anchieta.

Importante!

A estrutura de ensino luso-brasileira foi marcada por um trabalho inovador e de alto grau de gastos, o que, a nosso ver, derrubaria a tese de que o Brasil seria uma colônia de simples exploração não passa de uma ideia ultrapassada e tendenciosa. Os gastos com o desenvolvimento de estruturas para a conversão das almas não traziam qualquer retorno financeiro para os poderes laicos.

Implementada em locais simples e quase primitivos, a missão exigia que os jesuítas aprendessem várias profissões para que ela pudesse ter continuidade. Vários deles tornaram-se carpinteiros, médicos, costureiros e desenvolveram atividades manuais das mais diversas. Os jesuítas estavam em conformidade com os poderes laicos somente se estes agissem corretamente na administração do trato com os gentios. Como já citamos, eles recebiam quase nada e, mesmo sendo sustentados pelos poderes, não deixam de admoestá-los quando em desvio de missão.

A catequização dos jesuítas foi um marco não apenas na história da Igreja, mas também na do Brasil e, de certa forma, da ciência, uma vez que a atuação dos clérigos passava por uma sistematização metodológica das práticas catequéticas, configurando-se uma abordagem quase científica no sentido contemporâneo. Os jesuítas podem ser vistos como religiosos que usaram métodos pré-antropológicos e sociológicos para desenvolver a prática de cristianização dos grupos nativos brasileiros.

A expansão católica nos séculos XVI ao XIX, em muito, advém da eficácia desse método que seguiu o mote de Santo Inácio de Loyola: "para maior glória de Deus". Por isso, todos os esforços eram válidos para, muitas vezes, conseguir converter uma única alma ou mesmo somente salvar um nativo da morte ritual. O número de mártires da Companhia é grande, entre eles, José de Anchieta, que quase perdeu sua vida perante os nativos.

A estrutura interna da Companhia era rígida, com um controle praticamente monástico e militar, e mantida por certa burocracia que, apesar de tudo, não atrasava a evangelização. A autonomia dos missionários estava na maleabilidade da catequese, uma vez que, em um mesmo território, ocorriam abordagens diferentes e, em cada lugar, o método variava. Os missionários desenvolviam uma prática científica, quase antropológica, na qual todos os modos de vida dos catecúmenos eram anotados em relatórios, compartilhados com os grupos jesuítas ao redor do mundo. Esse procedimento formou um banco de dados que auxiliava nos métodos de catequização.

Os evangelizadores jesuítas sabiam que a missão na América não era só a anunciação da Revelação, mas também a reestruturação da vida e da organização dos indígenas, fortalecendo-os na saúde do corpo e na moral para preparar suas almas para entenderem o cristianismo. Por essa razão, foram criadas vilas, ou missões, a fim de evitar ações escravistas de colonos. Em alguns casos, era preciso até fazê-los abandonar a vida de nômade.

A sistematização da língua tupi foi um dos esforços mais incríveis dos jesuítas, pois, mesmo em condições desfavoráveis, os padres conseguiram elaborar um manual básico de gramática daquela fala sem registro escrito. Dessa forma, a oportunidade de comunicação tornou possível modificar os hábitos sexuais e inserir o entendimento dos sacramentos de maneira a não destruir a cultura, valorizando o que era comum à moral e à vida cristã, obviamente, tentando suprimir o que era mais pernicioso para as almas.

Um exemplo eram os rituais de antropofagia já citados aqui. Baseados em um complexo costume guerreiro, os nativos confrontavam-se de modo ritual, e os prisioneiros capturados eram submetidos a provas para medir sua coragem. Ao final, no entanto, eram mortos e seus corpos eram consumidos em um ritual, descrito até de maneira fria e passiva pelos jesuítas, macabro aos olhos de qualquer homem não iniciado naquela cultura.

Entre as metodologias da catequese estavam o teatro e a música, expressões características dos nativos que, de certa forma, foram aproveitadas pelos jesuítas. A alegação de que teria havido a destruição das culturas dos nativos é, portanto, um mito anticatólico comum, porque a maneira como os jesuítas cuidavam dos catecúmenos prova o contrário. Exemplificamos o mito anticatólico com a visão pessimista de Eduardo Hoornaert sobre os jesuítas:

> O aldeamento originava-se num "descimento" ou "redução" de indígenas do interior da terra para a zona litorânea, ou para a confluência dos rios, no caso da Amazônia. Este descimento sempre era praticado *manu militari*, sendo o missionário acompanhado pela tropa (ou vice-versa, dependendo do ponto de vista). Os indígenas "brabos" eram deslocados para as aldeias de "índios mansos" [...]. (Hoornaert, 1984, p. 17)

O respeito à cultura era tão grande que o primeiro bispo do Brasil, Dom Pero Fernandes Sardinha, sentiu algo de errado ao ver os jesuítas liberarem certas atitudes dos indígenas. Podemos dizer que a cultura dos nativos era apreendida pelos jesuítas, ordenada e, quando apresentasse incompatibilidade com a moral cristã, era purificada. Frisamos que os jesuítas buscavam conservar tudo da cultura nativa que pudesse colaborar com a humanidade. Como citamos antes, havia um banco de dados, por assim dizer, compartilhado pelos jesuítas e espalhado nas diferentes missões ao redor do mundo, que divulgava cada cultura tanto em seus pontos positivos quanto negativos. A circulação desses métodos também chegou ao Brasil, e o teatro foi escolhido como meio de ensino, principalmente com as crianças, assim como usado na Índia. O fato de as crianças merecerem tanta atenção estava na facilidade que demonstravam para receber a palavra.

Os jesuítas criaram missões para salvaguardar o máximo possível dos nativos das ações de colonos. Os núcleos estáveis, ou vilas, retiraram muitos índios em situação de isolamento e nomadismo e facilitaram a formação religiosa e civil de centenas de indígenas de etnias diversas. Eram pequenas cidades, governadas pelos padres, que, muitas vezes, tinham de fazer o papel de vários ofícios fora da formação religiosa, como já citamos. Os jesuítas tinham de orientar as matérias espirituais, a alfabetização e a catequização e, usando os recursos próprios, tratavam também da saúde e da produção de alimentos. Todas essas atividades eram desenvolvidas sem descuidar da defesa das vilas contra incursões de colonos escravistas e tribos inimigas. A animosidade dos colonos em relação aos jesuítas era grande porque estes tinham como objetivo desenvolver uma nova espécie de civilização cristã naqueles grupos, até então desconhecidos dos europeus.

Nessas vilas, a língua tupi-guarani era usada junto do latim e do português no cotidiano, inclusive nas missas, o ponto mais importante desse cotidiano. Podemos considerar, inclusive, que os jesuítas foram os primeiros a conseguir desenvolver uma civilização brasileira ao transpor tantos elementos culturais variados em um grupo humano. A missão da Companhia de Jesus era catequizar e humanizar a cultura local procurando um novo cristianismo no Brasil. Talvez, uma compensação do velho cristianismo que ruía na Europa pela Reforma e pelo Iluminismo.

Para refletir

Consideramos que a Companhia de Jesus, assim como a Ordem dos Templários, sofreu uma perseguição baseada na desinformação sobre sua existência. A figura dos integrantes dessas ordens foi difamada de várias formas ao redor do mundo durante os séculos XVII e XVIII, nos quais predominava o pensamento iluminista. No Brasil, por exemplo, espalhou-se a acusação de que eles escravizavam os indígenas. Essa atitude, a nosso ver, é fruto do contexto geral dos grupos laicos contra a Igreja e a própria ideia de religião.

De acordo com Guillermou (1973, p. 50), a perseguição aos jesuítas ocorreu por uma multiplicidade de lados, como podemos ler neste trecho: "Os jesuítas contavam, naturalmente com adversários da religião, em geral, ou do catolicismo, em particular, grupos extravagantes onde se encontravam, ao lado dos protestantes, os maçons e os filósofos".

Esses grupos, segundo o autor, conseguiram pressionar a Companhia de Jesus ao ponto de transformar as situações em "lendas negras" sobre suas práticas. A mais notória foi a dos grupos nas reduções paraguaios, quando a ação do Geral jesuíta Claudio Aquaviva de evitar a escravização dos guaranis foi transformada pelos colonos em uma lenda de que os jesuítas escravizavam os guaranis.

Um trecho que explica essa situação é o seguinte: "Conta-se que em certas residências jesuítas desta província (Paraguai), indígenas 'oferecidos' aos padres pelos benfeitores espanhóis tinham sido empregados como servos, e que o Geral Aquaviva ordenou ao Provincial de cessar esse abuso. Os jesuítas compreenderam tão bem a lição e pregaram tão bem com o exemplo, que os colonos se inquietaram, sentiram-se ameaçados sem seus direitos de encomenderos e começaram a trazer dificuldades aos padres jesuítas: não lhe deram mais esmolas, desertaram de suas igrejas e seus colégios esvaziaram. A permanência em certas cidades tornou-se-lhes intolerável, em Santiago do Paraguai, por exemplo, ou em Córdoba" (Guillermou, 1973, p. 141).

Os trechos apresentados apontam que a Igreja passou por perseguições em muitos momentos de sua história, inclusive nos períodos que parecem indicar que ela é importante ou hegemônica para a sociedade. A Companhia de Jesus passa por ataques das forças laicas no período moderno e contemporâneo por representar exatamente o espírito missionário da Igreja?

Em 1580, D. Sebastião faleceu e, em seu lugar, assumiu o rei de Castela, Felipe III (Felipe I de Portugal). Assim, ocorreu a união das duas Coroas, mas sem haver uma verdadeira unidade, a língua portuguesa e as doações de D. Sebastião foram respeitadas.

A divisão não era somente nas Coroas, mas também entre os jesuítas, visto que espanhóis e portugueses eram diferentes em sua administração. No Brasil, os jesuítas moravam em casas próprias ao lado dos reais colégios e iam aos aldeamentos indígenas, as chamadas *aldeias do rei de Portugal*. Nas áreas sob domínio do governo espanhol, entretanto, os jesuítas viviam nas reduções[1] e eram senhores, moravam com os guaranis, que trabalhavam para se sustentar. Os jesuítas espanhóis nada tinham com o rei ou com as autoridades, obedeciam apenas ao Provincial da Companhia na Espanha (Ferreira, 1980).

---

1 Durante o século XVII, os jesuítas espanhóis transpassaram o Rio Paraná e fundaram vilas em que os nativos eram inseridos em um cotidiano de aprendizagem da vida cristã, na educação para o trabalho e para a construção de vida em família, seguindo os sacramentos católicos. Essas vilas são chamadas de *reduções*, como se fossem células do ideal de civilização católica que os jesuítas procuravam formar nas terras da América. Era também uma forma de proteção contra a ação escravista dos colonos.

Os problemas dessa relação tempestiva entre membros da mesma ordem fizeram nascer acusações de que os jesuítas escravizavam os indígenas. O que seria impossível, tendo em vista a diferença de número entre os que habitavam a vila e o número de supervisores, além da falta de armamento dos padres, que somente tinham a palavra, para poder superar um grande grupo como o dos nativos, os quais eram fisicamente mais capazes de se defender do que qualquer jesuíta.

Uma dessas narrativas depreciativas foi inventada por Antônio Ruiz Montayo, nascido em Lima, no Peru, em 1585. Missionário e escritor, ele foi o responsável pela difamação dos bandeirantes em uma história de ataques às reduções por parte desses grupos portugueses. Como consequência, os bandeirantes ficaram marcados como escravistas.

A nosso ver, os bandeirantes praticaram muitas ações de defesa e abriram caminho para o desenvolvimento do comércio e da urbanidade no Brasil. Eles cometeram ações que, atualmente, podem ser vistas como violentas contra os indígenas, contudo, devemos historicizar todos os acontecimentos, trágicos ou virtuosos.

O fato é que esse embate entre os jesuítas e os bandeirantes serve para mostrar como as narrativas podem ser distorcidas, pois as narrativas dos jesuítas serviram de pretexto para criminalizar os feitos de outros grupos. Os próprios jesuítas sofreram com a dissimulação dos fatos sobre sua Companhia durante a ascensão do pombalismo, que os expulsaria do Brasil em 1759, fazendo com que a colônia perdesse em ensino e em catequese, além de romper com a tradição da Ordem de Cristo, que havia edificado as primeiras bases da Igreja no Brasil.

Padre Fernão Guerreiro (citado por Alencar, 2019, p. 69) explica importância dos jesuítas para os nativos afirmando que "se não fossem os padres, nem um índio no Brasil haveria hoje em toda aquela costa, porque todos já foram ou consumidos ou fugidos e metidos no sertão".

A ação civilizadora e humanizadora conseguiu avançar entre sertões e aldeias, mudando não somente a vida dos gentios, mas também a dos colonos. Os padres conseguiram preservar os nativos dos ataques dos colonos pela paciência que tiveram com as calúnias e as infâmias que recebiam por evitar sua transformação em escravos. Vários foram os missionários que pisaram o solo brasileiro por seu amor à missão, com vistas a preparar as almas nativas para receber a mensagem e os sacramentos de Cristo. Destacamos duas figuras importantes para a cultura e a civilização brasileiras nascente: Padre Manoel da Nobrega e (São) José de Anchieta.

2.4 Padre Manuel da Nóbrega e José de Anchieta

Padre Manuel da Nóbrega é conhecido por fundar, em 1554, o colégio que originou o núcleo da cidade de São Paulo. A educação esteve em sua biografia como um dado importante. Sabemos que cursou os estudos clássicos, teológicos, filosóficos e as línguas greco-romanas estudou Coimbra.

Os relatos de sua biografia, escrita por Tito Livio Ferreira (1957) apontam que teve problemas internos na universidade que o fizeram abandonar a possibilidade de permanecer de maneira efetiva nela. Nesse contexto de insatisfação com seus próximos, decidiu ingressar na então recente ordem dos jesuítas.

Como já citamos, ele chegou ao Brasil com o governador-geral Tomé de Sousa, para trabalhar na sistematização da catequização e auxiliar no planejamento de defesa da costa contra os piratas franceses. Sua formação universitária colaborou para que ele produzisse, por meio de suas cartas escritas entre 1549 até 1560, uma literatura descritiva sobre as condições do Brasil.

Descreveu a realidade que presenciava para seu professor em Portugal, legou ao futuro uma exposição sobre os problemas da escravidão, falta de fiéis, acrescentando a esses relatos uma exposição de dados geográficos da terra. As anotações sobre o psicológico dos nativos demonstraram como tentava aproximar o indivíduo do cristianismo. Outro ponto importante foi a maneira objetiva que documentava os fenômenos de sua estadia junto aos nativos.

A objetividade das descrições de Nóbrega sobre os eventos que presenciava durante sua pastoral mostra uma preocupação quase científica. Mesmo em situações de extrema pressão psicológica, como nos rituais de execução de inimigos, cujo ponto alto era o ritual antropofágico, o jesuíta mantinha o foco para descrever a cena e tentar encontrar uma forma de convencer os nativos de que aquele rito não propiciava benefício ou glórias, como acreditavam.

Nóbrega explorava a visão da morte dos indígenas a fim de educá-los para ideia de vida eterna, desvendava a crença dos nativos para criar uma pedagogia de apresentação da fé cristã, criando documentação que poderia ser usada por seus sucessores e contemporâneos. Quando faleceu, gozava de consideração dos colonos, governantes e indígenas. O prestígio de sua figura era mais eficiente do que os títulos políticos de governadores. Sua fama, porém, não é a mesma de José de Anchieta.

José de Anchieta é um vulto nacional na história, nas artes e na religião do Brasil. Nascido em 1534, em Tenerife, uma das ilhas que compõem o arquipélago das Canárias, pertencente a Espanha, estudou no Colégio de Artes de Coimbra e ingressou na Companhia de Jesus em 1551, em Portugal. Como Nóbrega, veio para o Brasil com uma comitiva oficial, a de Dom Duarte da Costa, e desembarcou na Bahia, no final de sua adolescência, aos 19 anos.

Padre Manoel da Nóbrega, seu provincial na época, enviou José de Anchieta à Capitania de São Vicente, no litoral sudeste. Dessa maneira, Anchieta participou da fundação da cidade de São Paulo ao estabelecer, no planalto de Piratininga, o terceiro colégio jesuíta do Brasil. A educação não foi somente de inaugurações institucionais, o futuro apóstolo do Brasil exerceu um trabalho pessoal que abrangeu as mais variadas expressões da arte: escreveu histórias, poesia, teatro e codificou a língua tupi-guarani. Todos seus esforços artísticos e intelectuais ininterruptamente estiveram a serviço da evangelização.

Quadro 2.1 – Principais obras de Anchieta

Ano/Título	Aspectos principais
1561 Auto da festa de Natal	Primeiro auto escrito por José de Anchieta, a obra foi encomendada por Padre Manoel da Nobrega para ser encenada no colégio da Vila de São Paulo de Piratininga e foi a mais encenada na costa brasileira durante o período da evangelização jesuítica.
1563 Dos grandes feitos de Mem de Sá	A estrutura de crônica da obra colocou-a na posição de primeiro poema épico da literatura brasileira. O texto narra os feitos de Mem de Sá no Brasil e os confrontos contra os índios e franceses em forma de versos decassílabos, com características que lembram os textos clássicos de Virgílio e de Horácio.
1563 Poema da bem-aventurada virgem Maria, mãe de Deus	A obra mais conhecida de Anchieta por ter sido concebida durante o período que ficou cativo dos Tamoios, seus versos foram memorizados por Anchieta durante a prisão. Depois de liberto, foram escritos e divulgados. Consideramos que seja uma das primeiras obras de mariologia da literatura brasileira. No contexto geral de anticatolicismo, o retorno à memória mariana era um bálsamo para as horas difíceis e um monumento à fé da Igreja.
1583 Auto da festa de São Lourenço	Mistura de auto de moralidade português com conteúdo da cultura das reduções da América Portuguesa, do século XVI, com falas em tupi, português e espanhol, exemplo de uma pedagogia singular e específica. O auto pensado por Anchieta aproveitava a assimilação visual das cenas para mostrar os princípios cristãos aos catequizandos das reduções jesuíticas.
1595 Arte da gramática da língua mais usada na costa do Brasil	Depois de um grande período de produção intelectual, Anchieta conseguiu codificar a gramática básica da língua tupi-guarani. Os jesuítas determinaram que a catequese seria mais facilmente realizada se usassem a língua dos naturais. Assim, essa obra de Anchieta surge com um instrumento da conversão do indígena.

O Auto de São Lourenço, por exemplo, escrito em 1587, é uma das primeiras encenações realizadas no Brasil, por causa dela, Anchieta é chamado de *pai do teatro brasileiro* e, conjuntamente, é considerado um dos desbravadores da cultura nacional. Conseguiu reunir a mensagem cristã, a cultura humanística clássica e a dos indígenas e colonos em obras que visavam à catequização e à comunicação entre os povos, dificultada também pelo fato de que a cultura entre os grupos indígenas não era homogênea.

Outro instrumento era incorporar elementos indígenas retirados da fauna e da etnologia, facilitando a aceitação. Na figura de Anchieta, os jesuítas foram os primeiros antropólogos, psicólogos, pedagogos, sociólogos e religiosos do Brasil. Talvez até do mundo contemporâneo (Thomaz, 1981).

Em razão de sua obra, seus irmãos de Companhia, Pero Rodrigues e, depois, Fernão Cardim, escreveram um relato sobre sua vida e sua morte: o texto biográfico de caráter hagiográfico *Vida do Padre José de Anchieta*. O jesuíta conseguiu desviar-se da selvageria de certas práticas nativas, purificando-as de modo a criar uma comunicação única entre as duas civilizações do Brasil.

Sua figura foi registrada em várias biografias e recebeu louros na literatura nacional, o que ajudou a transformá-lo no símbolo da Igreja no Brasil. Sua figura de quase mártir o tornou personalidade edificante para os clérigos nacionais.

Entre o seu legado cultural está a primeira gramática do tupi-guarani, intitulada *Arte gramática da língua mais usada na costa do Brasil*, publicada em Portugal no ano de 1595. Sua figura é conhecida da literatura pelo poema à Virgem Maria, pensado durante seu cativeiro de cinco meses em Ubatuba feito, preso pelos tamoios, em 1563. Essa situação de provação começou a edificar sua figura de santidade. Publicamente, sua figura era tida como santa há muito tempo, contudo o pedido de canonização começou a tramitar em 1617.

A perseguição aos jesuítas e ação do Marquês de Pombal atrasou o processo várias vezes.

Em 1736, Clemente XII afirmou as virtudes heroicas de José de Anchieta, no entanto, como a perseguição aos jesuítas foi acelerada pelas ações do Marquês de Pombal, o processo de canonização foi interrompido em 1773, em razão da supressão da Companhia de Jesus por Clemente XIV.

Curiosidade

José de Anchieta e a execução de João de Bolés

Um ponto importante da vida de José de Anchieta foi o momento que participou da tentativa de conversão do condenado à morte João de Bolés. A necessidade disso foi o fato de o prisioneiro estar ligado aos movimentos calvinistas e, por isso, os jesuítas tentaram salvar sua alma. O fato de Bolés estar ligado aos invasores fez Mem de Sá condená-lo à pena capital. Enviado por Padre Inácio de Azevedo, Anchieta realiza a conversa com o prisioneiro, conseguindo o arrependimento do condenado. O processo corria normalmente até a hora da execução. Alguns relatos contam que, nesse momento, o carrasco errou durante enforcamento e o prisioneiro ficou agonizando. José de Anchieta tentou evitar que o estado de agonia fizesse o prisioneiro blasfemar, ou seja, perder a alma no último minuto, e orientou que a morte ocorresse rápido (Thomaz, 1981). Como sabemos, Anchieta não tinha poderes para mudar a decisão do governo-geral. Essa passagem foi o empecilho durante vários anos para sua elevação aos altares. No entanto, no século XXI, sua canonização foi autorizada.

Existe a descrição feita por Paternina de que a frase do jesuíta – "castiga tum carnificem monet ratione expedi te illo numere de fungeretu" – teria sido "le industrió para que hiciese prestamente su oficio" (Patermina, 1618). Os círculos iluministas dentro do governo pombalino, inimigos dos jesuítas, espalharam que a frase em português seria "entrou em zelo, repreendeu o algoz, e instruiu-o ele mesmo de como havia de fazer seu ofício com a brevidade desejada" (Vieira, 1949).

José de Anchieta não tinha como evitar a execução e não poderia dizer "o executor não fez corretamente seu serviço, podem deixar o condenado ir". O mais correto seria a versão de Antônio Franco (1898, p. 46): "Entrando o padre em zelo, repreendeu ao algoz, e o instruiu no seu ofício, para que a morte se apressasse".

No final do século XVIII, houve até a mudança do nome do executado para o do calvinista André Balleur (Vieira, 1949). No mesmo período, o jornalista e escritor, defensor da teoria do mito de Cristo, Arthur Heulhard registrou a conversão como se tivesse sido uma sessão de tortura católica em seu livro *Villegagnon, rei da América*. Os historiadores franceses, como Sebastião Beretário, registram o enforcamento como se fora uma morte por espada.

Provavelmente, essa passagem, em conjunto com a situação antijesuítica que começou no contexto do século XVIII, fizeram a canonização ser postergada até 2014. No pontificado de Francisco, houve o fim dessa saga de um personagem de quem o Brasil e a Igreja nunca poderiam se esquecer: São José de Anchieta.

2.5 O contexto da expulsão dos jesuítas

A expulsão dos jesuítas é fruto de um contexto amplo que envolveu as conjunturas econômica e política de Portugal e uma ação de forças iluministas e leigas que tentavam acabar com os jesuítas.

A Companhia de Jesus foi, desde o século XVI, uma força de manutenção da unidade da Igreja, tanto que a evangelização e a Contrarreforma foram assessoradas por suas práticas. Para nós, seu sistema de evangelização era inovador até para os outros campos científicos, e o crescimento da Ordem aconteceu também no campo patrimonial e econômico. O sonho de Santo Inácio de Loyola chegou a seu auge no século XVIII, quando passou a sofrer os mesmos assédios que outros grupos ligados à Igreja sofreram nas eras moderna e contemporânea, ou seja, assim como na Reforma, seus bens foram cobiçados por grupos que odiavam a hierarquia.

O fato de sua eficiência manter acesa a evangelização trouxe mais rancores ainda, a casta iluminista de políticos e de intelectuais proferia calúnias a todos os grupos da Igreja, até os retroativos, e o imaginário sobre a Igreja foi, em muito, alimentado com estereótipos criados pelos movimentos protestantes e iluministas.

Com base em caricaturas criadas para subestimar a importante função da Igreja no desenvolvimento da Europa, podemos citar um exemplo do que pretendemos afirmar, reavivado constantemente pelas elites intelectuais: a figura do monge glutão. Figura simples, que transformava, no imaginário popular, a figura do monacato, importantíssimo para a cultura europeia. A pilhéria é uma estratégia discursiva de desinformação que começou a ser empregada durante o século XVI e pode ser observada, inclusive, durante o período dos totalitarismos contemporâneos. Por isso, afirmamos que os jesuítas eram os inimigos principais dessa geração que preparava as bases do deísmo agnóstico na política, pelo simples fato de concretizar sua missão evangelizadora.

2.5.1 Portugal e o governo de Marquês de Pombal

Portugal teve, em Sebastião José de Carvalho e Melo, o Marquês de Pombal, um dos elementos notáveis dessa perseguição à Ordem mais eficiente da Igreja da era moderna. Embora sua biografia indique ter nascido em uma família modesta, isso não o impediu de ascender à principal posição de governo do reino português, a qual foi galgando lentamente. De embaixador em Londres e em Viena, ocupou, de 1750 a 1777, o cargo de secretário de Estado de Dom José I, e o título de Conde de Oeiras o marcou na história. Marquês de Pombal não foi um simples administrador ou outro nobre qualquer, foi o braço iluminista em uma monarquia que havia se doado à Igreja desde o nascimento na medievalidade.

Os ganhos de sua visão política não podem ser desconsiderados, no Brasil, por exemplo, melhorou a defesa do território da Região Norte. Benefícios à parte, temos de frisar como seu regalismo exagerado fomentou a implantação do absolutismo no reino português. Como todo o absolutismo, há a dominação da sociedade pelo governante ao ponto de se desprender, inclusive, da nobreza. A dominação total da sociedade passa pela perseguição de opositores.

O clero e parte da nobreza portuguesa sofreram em seu cotidiano, e essa meta de controle logo tomaria a Europa inteira. Os jesuítas foram, particularmente, alvo de várias incursões de ataque, como o fato ocorrido na Inglaterra, em 1605, conhecido como *conspiração da pólvora*, detalhado no boxe Curiosidade, a seguir.

Uma consequência desse episódio foi o aumento da perseguição governamental aos católicos, cujas imposições foram variadas. Entre os exemplos mais contundentes dessa caçada aos católicos, citamos as restrições que tiram o direito dos católicos de serem advogados e votarem nas eleições regionais e parlamentares até 1829.

Curiosidade

Conspiração da pólvora

Durante o período elisabetano, as leis contra os católicos que não se conformavam ao anglicanismo eram cruéis. Durante a ascensão dos Stuart, com Jaime I, essa situação piorou. O rei pronunciou-se contra a Igreja romana e exigiu o exílio de todos os padres e jesuítas, pedindo também o reforço às multas contra os chamados *não conformistas*, nome dado aos católicos que não se converteram ao anglicanismo. Jaime I criou um Conselho com o objetivo de eliminar os jesuítas de toda a maneira possível. Nesse contexto, surgiu uma mobilização de grupo liderado por Guy Fawkeres, motivados pela posição de Jaime I de exigir a abnegação da fé católica e a adesão ao anglicanismo na fórmula de seu juramento ao rei. Sob égide de vingar os católicos, o grupo preparou um ataque ao Parlamento e ao rei e elaborou um plano de montar, nos porões do Parlamento, barris de pólvora para explodi-lo. A conspiração, no entanto, foi descoberta em 5 de novembro de 1605, e essa data entrou para a cultura popular. A prisão dos envolvidos teve um desenlace contra os jesuítas. Os padres da Companhia foram envolvidos na conspiração de maneira indireta em razão da confissão que escutaram dos envolvidos. O regime do sacramento da confissão não permitia a eles revelar o plano às autoridades. A descoberta do governo a respeito dessa proximidade entre os padres e os envolvidos levou os sacerdotes ao tribunal como réus. Eles foram vigiados, interrogados e difamados em virtude de sua infeliz proximidade com o grupo, e figuras como o Padre Garnet foram executadas na Catedral de São Paulo.

Voltando ao caso português: a economia do reino manifestava-se em vertiginosa queda, inclusive com baixa na produção de ouro do Brasil, a qual nunca foi muito volumosa. Essas incertezas econômicas ocorriam paralelamente ao Iluminismo, proveniente da França, que se solidificava nos âmbitos político e intelectual por meio de suas doutrinas cativantes, as quais conquistavam adeptos na nobreza, no clero e entre pessoas importantes. Começava uma era de abalo das bases e das estruturas tradicionais dos governos e das sociedades europeus.

O Iluminismo português tinha características singulares: o pensamento revolucionário, anti-histórico e irreligioso francês, presente de modo contundente na futura Revolução Francesa, não era a cabeça das atitudes portuguesas. As forças do rei lusitano vão transformá-las em um "'espírito' progressista, reformista, nacionalista, humanista e Regalista" (Vieira, 2021, p. 85).

O catolicismo português transformou-se em um grupo que aceitava a supremacia da Coroa sobre a Igreja. Nesse contexto, houve até a utilização do pensamento do galicanismo, o qual primava a autoridade dos concílios sobre a do papado. Dioceses tradicionais atacavam os jesuítas promovendo, inclusive, uma teologia positiva, no sentido de utilizar os conteúdos da Revelação aproveitando as Escrituras e a Tradição para denunciar o fanatismo religioso e a superstição da Companhia, contestando a existência de certos santos ao alegar que alguns milagres seriam falsos, imprimindo, assim, um caráter austero à religiosidade.

A ilustração portuguesa manteve os valores sobre os dogmas e a religião revelada, por essa razão, presenciamos a continuidade e a adesão de membros da hierarquia eclesiástica, diferente da linha francesa, que preferia abominar a existência do cristianismo.

A Universidade de Coimbra, que havia dado ao mundo figuras como Manuel da Nóbrega, tornou-se o centro dos padres "ilustrados". No século XVIII, a universidade encontrava-se muito longe daquela grandeza de antes e com vários problemas, que abrangiam desde a carga horária deficiente até um ensino defasado. Os alunos apresentavam um comportamento lasso com estudos, costumes e cheio de momentos de desordem. O reformismo pedagógico do clero lusitano encontrou seu ponto de apoio na Congregação do Oratório de São Felipe Néri, criando uma doutrina de estudo contrária ao *Ratio Studiorum*[2] jesuíta. Em 1750, a congregação inaugurou um método baseado no processo didático iluminista, chegando, em 1746, a desenvolver o *Verdadeiro método de estudar*, de Luís Antônio Verney, uma das obras que direcionou o projeto político do governo de Dom José I. "Tudo isso poderia ser apenas a renovação de um clero e de uma intelectualidade que optara pela erudição, mas não era, pois, sutilmente, as novidades introduzidas solapariam as bases da fé dos antepassados" (Vieira, 2021a, p. 86).

O problema da fé tíbia e da indiferença religiosa surgiu durante o século XVIII e atravessou o XIX, potencializado pelas mudanças forçadas pela intelectualidade iluminista.

---

2 *Ratio Studiorum* é o método pedagógico dos jesuítas, um plano de estudos aplicado nos colégios da Companhia. Por meio desse código de ensino, os jesuítas honraram seu objetivo de ensino, que constava em sua Constituição. A aplicação do *Ratio* é um marco da educação no mundo moderno e contemporâneo. Seu êxito está em conseguir funcionar durante a Contrarreforma católica como uma forma de evitar adesões ao protestantismo. Por meio dele, muitos intelectuais formaram seu pensamento, como René Descartes, Miguel Cervantes e, inclusive, um dos maiores inimigos da Companhia de Jesus, François Marie Arout, conhecido como Voltaire. Um sistema pedagógico multissecular como o dos jesuítas somente desapareceu em decorrência de forças anticatólicas, que se preocupavam mais com a eliminação da fé do que com a modernização ensino.

A implantação do pombalismo foi baseada nos princípios do mercantilismo e da ilustração, e a política pombalina debruçou-se sobre as questões territoriais do império. Nesse contexto, ocorrem as movimentações na colônia de Sacramento e no lado oriental do rio Prata. Sacramento seria entregue a Portugal, e os missionários do outro lado da margem oriental do rio Uruguai sairiam levando seus índios e móveis para outras terras de Espanha.

2.5.2 A questão territorial e as políticas pombalinas contra os jesuítas

Em decorrência das disputas territoriais travadas entre os colonos, Dom João V, rei de Portugal, e Fernando VI, rei de Espanha, assinaram o Tratado de Madri em 1750, um acordo diplomático para substituir o Tratado de Tordesilhas e definir as fronteiras das colônias de Portugal e de Espanha na América. No entanto, Dom João V morreu no ano do tratado e quem assumiu o trono foi Dom José I, que entregou a Sebastião José de Carvalho e Melo a execução das cláusulas territoriais.

No outro lado do contexto, temos a República Guarani, obra missionária da província jesuítica do Paraguai, composta por 30 reduções, sete delas no atual Estado do Rio Grande do Sul. O art. 16 do Tratado de Madri[3] definiu que Portugal cederia a Colônia do Sacramento para a Espanha, que, por sua vez, dava o território ocupado pelos Sete Povos das Missões a Portugal. Embora esses tratados fossem de sigilo de Estado, isto é, somente membros dos governos saberiam de sua existência e de seu conteúdo, a notícia se espalhou e provocou furor nas colônias.

---

3 Para conhecer o teor do Tratado de Madri, acesse a página Fronteiras e limites do Brasil, disponível em: <http://info.lncc.br/madri.html>. Acesso em: 10 jan. 2023.

O pedido de deslocamento criou desordem, por se tratar de cerca de 30 mil nativos, mais seus pertences, em prazo muito curto. O provincial Padre Francisco Retz tentou cumprir a ordem de maneira sigilosa, mas seus religiosos mostraram a dificuldade e a falta de local para realocar tantas pessoas. Como já ressaltamos em outras passagens, o número de missionários era muito menor do que o de nativos. Na parte brasileira da missão espanhola, havia 16 membros, os quais tinham apenas a palavra para controlar seus catecúmenos. O maior medo dos religiosos era que esses grupos ficassem desconfiados da movimentação e fugissem para a floresta ou achassem que estavam sendo capturados.

Os pedidos ao governo português são negados e este envia um provincial sem contato com aquelas missões para agilizar a movimentação. Padre Bernardo Neudorff e seu comissário, Pe. José Cardiel, organizaram os trabalhos de realocação e cada uma das sete reduções partiu em reconhecimento de novo local. Contudo, não encontraram nenhum que considerassem perfeito para assentar tantos indivíduos. Os locais indicados eram limitados, inconvenientes para os povos que trabalhavam com grandes estâncias de criação de gado. O deslocamento também tinha o problema de retirar e invadir terreno de outras povoações.

No Norte do Uruguai, houve o convite para os grupos se assentarem junto a outros, mas o problema era que um grupo acabaria em locais insalubres. A carta do padre alemão Matias Strobel, responsável pela pesquisa de locais para assentamento das reduções, foi realista ao dizer que nem em cinco anos poderiam realizar a mudança.

Paralelamente a essa situação, havia a oposição ferrenha do lado espanhol ao Tratado de Madri, autoridades como o governador José de Andonaegui, o bispo de Córdoba e o governador do Paraguai e da cidade de San Miguel no Tucumán argumentavam que a cessão das Sete Missões era contrária aos interesses da Espanha, alguns, inclusive, pediam a anulação do artigo que pedia sua realização.

Os jesuítas da região pediram três anos, ao menos, para promover a mudança. A intransigência do marquês ficou expressa na conhecida frase: "não lhes daria três meses". Pe. Altamirano dirigiu-se pessoalmente ao local, insistindo com os guaranis para acatarem a ordem de deixar as missões junto de seus catecúmenos.

Apenas três dos Sete Povos aceitaram as ordens. A maioria dos nativos julgava inaceitável a ideia de retirar-se de seus domínios, ainda mais às pressas, não apenas porque eram terras consideradas de seus ancestrais, mas também pela visão do português como inimigo daqueles grupos. Segundo Vieira (2021a, p. 90), "a compensação financeira irrisória dada pelo rei aos missionários para mover as missões foi entendida como um pagamento pela sua entrega ao inimigo. O Pe. Altamirano foi acusado de ser um português disfarçado".

Os indígenas até barraram um grupo de soldados e engenheiros luso-espanhóis na colocação dos novos marcos territoriais em 1753. Depois desse episódio, no mesmo ano, a paciência real terminou e a expulsão por armas foi ordenada. As palavras ditas por Gomes Freire ao Marquês de Valdelírios sobre a questão mostram o pensamento que cercava as autoridades em relação aos jesuítas, como podemos ler no seguinte trecho: "Eu creio que Vossa Excelência, depois de haver tomado consciência do relatório do Pe. Altamirano, deixar-se-á persuadir que os padres são uns rebeldes. Se esses santos padres não forem expulsos do país, nós encontraremos somente rebeliões, insolências e insultos" (Lugon, citado por Vieira, 2021a, p. 90).

Em dois meses, os comissários declaram guerra às missões jesuíticas, dando início à Guerra Guaranítica, conflito que durou três anos. Uma força militar conjunta entre Portugal e Espanha avançou sobre o grupo de nativos das missões. As forças indígenas, lideradas por dois nativos, Sepé Tiaraju e Miguel Taimacay, sabiam de sua defasagem militar, principalmente porque os membros das missões eram, em sua maioria, mulheres, idosos e crianças, e os exércitos luso-espanhóis eram profissionais e devidamente armados para a operação. Os guaranis, armados rudimentarmente, foram dizimados às centenas, mas não de modo fácil, pois lutaram até último líder.

Os combates terminaram em 1756, quando Gomes Freire de Andrade, governador-geral do Rio de Janeiro, penetrou na missão de São Miguel, e a resistência começou a enfraquecer. A partir desse momento, os guaranis começaram a atravessar o rio com os padres ou desapareciam na mata.

Um fato interessante sobre a expedição de Gomes Freire de Andrade é que ele teria procurado por jazidas de pedras preciosas dentro das missões jesuíticas, exemplo do imaginário social sobre os jesuítas serem donos de tesouros.

Andrade não assumiu os Sete Povos, mas não quis renunciar à colônia de Sacramento. Uma explicação para essa atitude seria política, pois o novo governador de Buenos Aires, Pedro Ceballos, era visto por Andrade com suspeita, em razão de sua proximidade com os jesuítas, e se mostrava disponível a repovoar as missões arrasadas ou mesmo fazer guerra com os portugueses.

A política europeia mudou muito na metade do século XVIII. Fernando VI morreu sem deixar herdeiros para sucessão direta. Carlos III de Nápoles e Sicília assumiu e Pedro Ceballos aproveitou para conceber um plano de tomada de posse do Rio Grande do Sul e de Santa Catarina, atacando, assim, seus maiores inimigos, os portugueses. Em 1761, foi firmado o Tratado de El Pardo, que anulava as decisões e reestabelecia as antigas fronteiras.

A solução não durou muito e um novo pacto foi assinado pela família dos Bourbon da França, da Espanha e de Nápoles para conter a expansão dos ingleses. Consecutivamente, Portugal, aliado dos ingleses desde o século XIV, tornou-se alvo do mesmo retalhamento.

Esse pacto, no entanto, despertou os antigos problemas nas missões, tornando-os um ponto de confronto entre as monarquias portuguesa e espanhola.

A invasão de forças francesas e espanholas em Portugal fez Pedro Ceballos agir, em 1762, para cercar Sacramento e tomar o local em 1763. A marcha castelhana avançou, capitulando a cidade de Rio Grande, e as forças de Ceballo chegaram a São José do Norte, forçando o governador português a mudar a sede de seu governo para Viamão. Durante esse período, o confronto europeu cessaria e o documento de trégua, chamado Paz de Paris, seria assinado em 1763. Nele, estabeleceu-se a devolução dos territórios ocupados, entretanto apenas o perímetro urbano de Sacramento foi devolvido aos portugueses, e nenhuma das terras conquistadas no Rio Grande do Sul foi cedida.

Os conflitos entre portugueses e espanhóis foram resolvidos, com perdas aos portugueses, pelo Tratado de Santo Ildefonso em 1777, que redesenhou, mais uma vez, o mapa da América meridional. O fato de ter de ceder a colônia de Sacramento e a região dos Sete Povos aos espanhóis foi a perda do reino lusitano que não foi esquecida, tanto que, em 1801, quando França e Espanha invadiram Portugal novamente, os gaúchos fizeram uma reconquista da antiga região dos Sete Povos, mas não de Sacramento. Enfim, na metade do ano de 1801, o chamado *Tratado de paz e amizade* acabou com o litígio, e Sete Povos tornou-se definitivamente uma região brasileira.

Os conflitos deixaram o elemento principal das missões como ator secundário da guerra, visto que os indígenas perderam sua parcela da terra e da dignidade cristã. Francois-René, o Visconde de Chateaubriand, escreveu um texto sobre como essas beligerâncias pelas regiões entre as potências monárquicas esqueceram do mais importante elemento de seus povoamentos. Como vimos, a conversão do gentio, antes, era o maior feito dos governos, agora, na linha iluminista, os indígenas não eram nada, apenas ocupantes de solos úteis. Citamos:

> As missões do Paraguai estão extintas; os selvagens reunidos com tantas canseiras erram de novo nos sertões ou abafam vivos nas entranhas da terra. Aplaudiram aí a aniquilação duma das melhores obras da mão homem. Era uma criação da cristandade, uma seara adubada com sangue dos apóstolos: o ódio e desprezo foram a sua recompensa. (Chateaubriand, citado por Vieira, 2021a, p. 93)

Os confrontos foram a base de propaganda antijesuítica na Europa. A insistência de Gomes Freire de Andrade em acusar os padres da Companhia como os responsáveis por instigar o espírito de rebelião correu o mundo e proclamava que, sem submeter aqueles que dominavam o coração dos nativos, não poderiam os gentios serem dominados. Dizia: "O primeiro golpe deve ser dado na Europa" (Asna, citado por Vieira, 2021a, p. 93).

2.5.3 Os efeitos do pombalismo nos domínios portugueses e no Brasil

No Norte do Brasil, o problema se repetiu, envolvendo a Companhia Geral do Comércio do Grão-Pará e Maranhão, instituída em 1755, que tinha o monopólio exclusivo da navegação e do tráfico de escravos, da compra e venda dos produtos da colônia e várias outras regalias, evitando o livre comércio. Os jesuítas sofreram com essa regra de monopólio, tanto, ou até mais, quanto os colonos e mercadores porque o monopólio proibia o comércio com as missões, causando a falta de elementos básicos para a sobrevivência dos indígenas e dos missionários.

Os clérigos reagiram pelo uso da palavra, como foi o caso de Pe. Manuel Bellester, o primeiro a criticar a nova Companhia comercial em um sermão proferido na Igreja Santa Maria Maior, em Roma. Em sua fala, afirmou que aquele que ingressasse na Companhia, não seria da Companhia de Cristo (Leal, 2012).

A demarcação territorial na Amazônia nem havia começado, mas os ataques aos jesuítas vieram como parte da política de Francisco Xavier de Mendonça, administrador da Companhia Geral de Comércio do Grão-Pará e Maranhão, que acusava os membros da missão jesuítica de má vontade. Esse discurso encobria seu objetivo de secularização das aldeias e a supressão do poder temporal dos religiosos nelas. Xavier de Mendonça alegava, ainda, que os jesuítas não davam apoio à demarcação de terras. Um fato importante foi a sonegação de indígenas, canoeiros e mantimentos das aldeias dos jesuítas. Essa situação configurou-se como falta de auxílio dos jesuítas para o projeto do governo de demarcação daquela região, considerado como prova desse movimento de boicote às metas pombalinas.

Além das críticas diretas à Companhia de Jesus, em 1755, o administrador iniciou uma sequência de expulsões dos jesuítas e não perdoou nem o reitor do colégio do Pará.

Os problemas na região aumentaram quando, na ausência do governador-geral, o dominicano Dom Frei Miguel de Bulhões e Sousa assumiu, trazendo consigo uma total intolerância pela Companhia de Jesus. Dom Miguel de Bulhões acusava os religiosos de não seguirem as prerrogativas episcopais e, graças à sua postura regalista, notoriamente pública, galgou posições: em 1759, chegou a ser nomeado bispo de Leiria pelo próprio Pombal. As críticas nacionais a ele não tardaram a acontecer: São José Mouro Marinho critica sua atitude de proferir coisas injustas contra os jesuítas.

O governo pombalino tenta subtrair os indígenas da influência jesuítica com um alvará, em 1755, por meio do qual emancipa e transfere para a Coroa o governo das missões. Os efeitos dessa medida ideológica expuseram os indígenas – sem conhecimento e sem defesa de vícios, ambições e doenças – ao mundo diferente do construído para eles com a ajuda dos jesuítas.

As críticas à atuação dos jesuítas na tentativa de separar os nativos catecúmenos dos colonos de sua região são comuns. O isolamento procurado pelos padres para seus neófitos é um eco da tentativa de, por meio deles, criar uma cristandade renovada no Brasil. A obediência irrestrita do sistema jesuítico foi vista por seus críticos iluministas como um instrumento que infantilizou o psicológico dos gentios. Essas discórdias não podem ofuscar a obra dos padres jesuítas, nem legitimar as atitudes predatórias do governo pombalista sobre as aldeias.

As tentativas de substituir as missões foram sempre um fracasso, uma vez que, quando ocorriam, ou os nativos retornavam ao ermo ou ficavam sendo explorados por diretores leigos. A retirada dos religiosos rompia seu laço com os portugueses.

Os padres perderam as missões e foram humilhados por verem desaparecer, sem nenhuma compensação, todas as propriedades construídas com esforço próprio e ligadas ao ideal da evangelização, sendo tachados, ao final, de *servos infiéis*.

Dom Miguel de Bulhões e Sousa avaliou os efeitos das medidas e, como estratégia cautelosa, propôs que os padres poderiam ser párocos nas aldeias, claro, sob sua supervisão total. No ano de 1758, acatando as ordens do reino e as do Provincial, os jesuítas dos aldeamentos deixaram seus bens e levaram das aldeias apenas o carregável, deixando para trás a estrutura que deveria servir de apoio para o desenvolvimento espiritual dos nativos.

A crise acontecida ao Norte do Brasil chegou aos ouvidos do Padre José Moreira, confessor do rei e de sua esposa, que tentou interceder pelos seus colegas, mas foi expulso com todos os demais da Ordem que viviam no Paço. Todos os confessores da monarquia portuguesa abandonavam a Casa Real, aproximava-se o fim da Companhia de Jesus em Portugal, e o conflito entre a Igreja e os poderes laicos no Brasil estava somente começando.

É importante, neste ponto, citarmos o caso do padre jesuíta Gabriel Malagrida e a forma como sua figura e o que lhe aconteceu foram instrumentalizados na batalha monárquica contra os jesuítas depois do terremoto de 1755, que destruiu Lisboa. O abalo sísmico não foi somente nas cidades, mas também causou mudanças no espírito dos governantes. O rei escolheu o jesuíta São Francisco de Borja para patrono contra abalos sísmicos (Vieira, 2021a, p. 96-97).

Do outro lado, seguindo o raciocínio anticatólico e iluminista, Sebastião José de Carvalho de Melo publicou explicações naturais para a catástrofe. Nesse momento, entrou em cena a figura de Pe. Malagrida, que publicou um livreto sobre o terremoto, com o título *Juízo da verdadeira causa do terremoto que padeceu a Corte de Lisboa*. A obra era clara em mostrar a ligação entre o fenômeno e a atitude dos governantes e, aproveitando o discurso das causas naturais que os governantes espalhavam, retrucava e apontava os crimes daquela Corte, cujo rei até era pio, mas ficava nisso. Mencionamos um trecho do livreto:

> Nem digam os que publicamente afirmam que procedem de causas naturais, que este orador sagrado, abrasado pelo zelo do amor divino, faz só uma invectiva contra o pecado, como origem de todas as calamidades que sinto destes políticos, chamar-lhes de ateus; porque esta verdade, a conhecerão ainda os mesmos gentios. (Malagrida, citado por Vieira, 2021a, p. 97)

O escrito de Malagrida foi considerado ofensivo por Sebastião José de Carvalho e Melo – obviamente, por ser ele o retratado na obra –, que mandou suprimir e queimar os exemplares, bem como pressionou o núncio apostólico para conseguir, com o providencial jesuíta, o exílio do religioso. As medidas não surtiram efeito, porque Malagrida, no desterro em Setúbal, continuou pregando e realizando exercícios espirituais junto aos fidalgos.

A popularidade de Malagrida seria fatal para ele e para as famílias que o acolhiam e, em 1758, foi encarcerado junto com outros sacerdotes, ficou preso na torre de Belém à espera de seu fim. A família que o recebeu como confessor era a da Marquesa Velha (D. Leonor) de Távora.

O poder de Carvalho e Melo cresceu muito desde 1757, tornando-se o primeiro-ministro de uma monarquia absoluta que se entendia como tendo seus poderes sido concedidos diretamente por Deus. O absolutismo estava em seu apogeu e criava um governo que se considerava acima e desligado de dar atenção a toda e qualquer instância representativa da sociedade.

O primo do Ministro Pombal, Francisco Almada de Mendonça, tratou do problema jesuítico diretamente com o Papa Bento XIV, continuando o discurso de corrupção da Companhia de Jesus: acusando-os de praticarem excessos, tramarem intrigas, especialmente no Brasil, no qual eram mais militares do que religiosos. O documento criado por Almada de Mendonça era alarmista, colocava que os jesuítas do Brasil, e, em colaboração com seus irmãos na América espanhola, conseguiriam, em breve, destruir o controle das Coroas Ibéricas nos locais, utilizando os indígenas, que formavam, no imaginário dele, um exército infinito.

Almada observou que o secretário de Estado, Cardeal Luigi Maria Torregiani, não acataria uma medida antijesuítica, por isso pediu ao Papa Bento XIV um breve de reforma por meio do Cardeal Poncioci. O breve *In Specula supremae dignitatis* saiu em 1758, tendo como visitador e reformador da Companhia de Jesus, em Portugal e Algarves, o Cardeal Francisco de Saldanha da Gama. O breve autorizava o cardeal a proceder uma cuidadosa investigação para, assim, determinar mudança, emenda, renovação, revogação no que necessário fosse dentro da ordem jesuíta. O Cardeal Saldanha apoiou as críticas do governo português, em uma posição cunhada sem nenhuma forma de interrogação de membros dos jesuítas ou análise de qualquer outro documento.

Tudo demonstrava um complô do cardeal e do ministro contra a ordem jesuíta. A conclusão do cardeal foi "os jesuítas são iguais em toda a parte; os mesmos hábitos, o mesmo nome, o mesmo regime, o mesmo sistema; ora, os de Lisboa fazem o comércio ilícito e escandaloso. Logo os jesuítas o fazem igualmente" (Vieira, 2021a, p. 100). Essa posição foi publicada dois dias depois de um colóquio entre o Cardeal Saldanha da Gama e Sebastião Carvalho e Melo, na época Conde Oeiras. Em seguida, adveio um édito de prelado, intitulado *Justos motivos que são conhecidos a nós*, que vedava aos membros da Companhia o exercício das funções sacerdotais: púlpito e confessionário.

A devassa nos livros de contas mostrou a simplicidade e a pobreza da ordem, a qual vivia de auxílio de outras, em muitos casos, no Brasil. Como já comentamos, os bens dos jesuítas atraíam os interesses de grupos laicos que criaram o discurso de que os membros da Companhia de Jesus tinham riquezas exorbitantes, entretanto, durante o desmonte das reduções e missões, essa fala dos grupos antijesuíticos provou-se uma mentira.

Clemente XIII foi eleito papa um mês depois da publicação do breve, e sua atitude perante o processo e a difamação da Ordem foi menos flexível do que do seu antecessor. O papa eleito trocou o Geral dos jesuítas por Lorenzo Ricci, o qual escreveu em um Memorial:

> Ademais, acresce um grande temor de que esta visita, em vez de ser útil para a reforma, ocasione distúrbios inúteis; o que especialmente se teme nos ultramarinos, para os quais o Eminentíssimo Senhor Saldanha está obrigado e tem faculdade de delegar [...], mas parece que se pode com razão temer que nas delegações

> se encontrem pessoas pouco inteiradas dos Institutos Regulares, ou não bem-intencionadas, das quais se poderá ocasionar um grande dano. (ATT Coleção de Livros e Impressos, citada por Vieira, 2021a, p. 100)

A objeção feita foi aceita pelo papa, que criou uma comissão de cardeais para examinar a petição do Geral. A maioria julgou o documento pertinente, mas sem apontar uma resolução definitiva. Extraoficialmente, a comissão pediu à Saldanha moderação no processo. A intervenção foi congelada, mas sem uma proposta concreta para a situação. A indecisão ficaria no ar até outro evento suspeito do contexto: o atentado contra Dom José I.

Dona Teresa, Marquesa de Távora, chamada também de *marquesa nova*, era amante do Rei Dom José I. Durante o retorno de um desses encontros escandalosos para a família da dama, o rei caiu em uma tocaia: onze desconhecidos abriram fogo contra o transporte do rei, que ficou ferido na nádega esquerda e em um dos braços. O atentado ficou em sigilo até a Coroa ter uma versão convincente sobre o acontecido. O público soube do evento por meio de dois decretos: o primeiro formava a Junta de Inconfidência, e o segundo ordenava ao juiz a prisão dos criminosos.

Durante todo o processo, ficou evidente a figuração dos jesuítas como o alvo das acusações. O colégio dos padres foi cercado, e seus membros foram proibidos de deixar suas casas. O núncio estranhou as medidas e pediu explicações. A resposta dada foi de que eram medidas para evitar a desordem pública. Os padres jesuítas foram expostos como criminosos e, depois, julgados como cúmplices do atentado ao rei. Em 1759, a sentença recaiu sobre os nobres – o absolutismo tentou controlar ou anular a nobreza, primeiro com privilégios e, depois, com força. O destaque dos réus foi Dom José Mascarenhas, Duque de Aveiro; Francisco de Assis e dona Leonor Tomásia, Marquesa de

Távora, seus filhos Luís Bernardo e José Maria, a amante do rei, dona Teresa; Jeronimo de Ataíde, Conde de Autoguia; e alguns mais. A Marquesa Nova e a Condessa de Autoguia foram apenas exiladas para conventos. Os demais foram executados depois de suplícios, e seus restos, queimados e jogados ao vento. A prisão foi o destino de alguns, que também sucumbiriam dentro delas.

Pombal conseguiu, em todos esses eventos, submeter a nobreza e eliminar os jesuítas. Com base em intrigas inventadas e de maneira violenta, destruiu o respeito da sociedade pelos membros jesuíticos de Portugal.

As desapropriações começaram em 1759, e uma carta régia autorizava a apreensão do patrimônio jesuíta. As medidas foram dadas como justas, graças a uma declaração feita pelo Duque de Aveiro, obviamente sob tortura, na qual afirmava que os jesuítas haviam tramado o atentado, transformando-os em líderes e manipuladores dos poderes laicos contra o rei. O projeto de desapropriação contra os jesuítas estava arquitetado muito antes dos eventos do atentado. A prova está em documentos com a assinatura de Sebastião José Carvalho e Melo enviados para a Bahia por magistrados portugueses e que datavam três meses antes do fato contra os jesuítas.

A eliminação dos jesuítas foi calmamente negociada por Sebastião de Carvalho e Melo por meio de seu primo em Roma. Um dos exemplos desse ataque seria a circulação de livros difamando os jesuítas, que, aliás, foram publicados na embaixada portuguesa em Roma. Por meio desse conteúdo, buscavam a destruição intelectual dos padres jesuítas. Apesar desses esforços, a posição papal foi extremamente curiosa.

O Papa Clemente XIII não se dobrou perante o governo português e enviou um comunicado sigiloso ao núncio apostólico em Lisboa, cujo conteúdo compunha-se de quatro despachos. O primeiro deles, o breve *Dilecti filii*, consentia que o tribunal da Mesa de Consciência e Ordens relaxasse à justiça secular os jesuítas acusados do atentado, contudo sem renunciar ao foro especial que a Igreja mantinha naquele momento. Esse instrumento cortava a tentativa de Pombal de transformar a licença dada contra os implicados no crime em uma concessão eterna. Outro ponto foi a imposição de que um bispo, escolhido pelo papa, fosse o juiz do caso.

O segundo despacho pedia clemência para os acusados e, caso fossem culpados, suas vidas fossem poupadas. O terceiro pedia ao Rei Dom José I que a Companhia de Jesus não fosse expulsa de seus domínios, mas que fosse mantida a continuidade da visita e reforma, ordenadas por seu antecessor, Bento XIV.

Terminando a correspondência, Clemente III enviou um memorial, que o núncio deveria apresentar ao rei e a seu ministro, em que protestava com antecipação contra qualquer ampliação das concessões do breve *Dilecti filii*, as quais se configurariam como um ato contrário às imunidades eclesiásticas.

A correspondência foi desviada graças ao suborno do correio pontifício pelo cardeal Cavalchini, que fez com que a correspondência atrasasse sem motivos, entretanto a Corte já sabia das decisões da Santa Sé. Quando chegou às mãos do núncio, este pediu uma audiência, mas recebeu como resposta que ela seria confirmada apenas se ele rompesse o selo da correspondência e informasse, com antecedência, seu conteúdo. O núncio respondeu que não tinha autoridade para abrir a carta. Carvalho e Melo respondeu à atitude do núncio com a frase: "pois guarde essa carta, que não precisamos dela, pois sabemos que não obteremos o que pedimos" (Vieira, 2021a, p. 105).

O resultado da defesa da Santa Sé aos jesuítas provocou a ira do governo português contra a cúria romana. Em 1759, Sebastião Carvalho e Melo fez o rei assinar um alvará autorizando, ao mesmo tempo, a reforma do ensino de humanidades e tornando proscritas todas as escolas jesuíticas do reino. O campo mais frutífero dos jesuítas era atacado: o ensino que a Companhia desenvolvia e sustentava de modo impecável era destruído pelas autoridades sem motivo.

Fique atento!

Outro aspecto que destacamos é a relação entre a ação do governo pombalino e a política de Henrique VIII durante a reforma anglicana de 1527. Depois de lermos sobre a forma abrupta como a monarquia portuguesa rompe os laços do ideal de evangelização criados durante a medievalidade, podemos trabalhar com a similaridade entre as ações de Pombal e os primeiros desígnios do anglicanismo contra o papado.

Durante os eventos nos quais Henrique VIII rompeu com a Igreja para conseguir se casar novamente com Ana Bolena, fato mais conhecido desse episódio histórico, o monarca aproveitou para confiscar os bens da Igreja e utilizá-los como moeda de troca para aumentar o número de aliados contra seus inimigos externos e internos.

O confisco dos bens é um instrumento utilizado pelos poderes laicos para ganhar divisas e servir de butim em diversas épocas. Afinal, a Igreja está no mundo, mas não é do mundo. Contudo, deve passar por essas provações, que, no Brasil, assemelham-se às ocorridas no restante da Europa. Dois eventos que mostram que, mesmo sendo atacada e expoliada, a Igreja continuou sua missão transcendental de divulgar o evangelho a todos os povos e nações.

O método jesuítico era abolido depois de 200 anos de existência. O governo português partiu o laço que tinha com os ideais da evangelização e da missão que deram impulso às navegações à sombra da Ordem de Cristo e, agora, amarguravam seu fim à luz da ilustração.

O poder de Carvalho e Melo cresceu: foi feito Conde de Oeiras, depois, agraciado com a vila de Pombal e com a comenda de São Miguel das Três Minas. Recebeu, inclusive, a ordem de Cristo, comenda que passava a se tornar apenas uma honraria separada do verdadeiro objetivo da Ordem: a evangelização católica.

A deportação enviou muitos jesuítas de volta à Itália e confinou outros nas prisões do país. O Cardeal Saldanha começou a agir como se fosse o chefe da Igreja de Portugal, outro sintoma do Iluminismo, a criação de igrejas nacionais, as quais, sempre, são apenas um braço do governo. O efeito do galicanismo[4] francês chegou a Portugal, ou seja, o poder papal foi diminuído como foi durante a crise de Felipe, o Belo, e o Papa Bonifácio VIII (Romanowski, 2019).

A supressão aumentou o patrimônio público, uma vez que, em 1761, um alvará determinou que a Fazenda Real confiscasse todos os bens dos jesuítas.

Depois da expulsão dos jesuítas, o confronto entre Portugal e a Santa Sé somente crescia. Em 1760, por exemplo, quando a herdeira do trono, Dona Maria I, casou-se com seu tio paterno Dom Pedro, o núncio apostólico ainda era Dom Filippo Acciaiuoli, que não foi convidado para a cerimônia. Personagem que Pombal tentou retirar do cargo, mas a Santa Sé nunca o atendeu; em resposta a essa afronta, Dom Filippo não enfeitou a nunciatura com luminárias, como era costume nessas ocasiões reais. Pombal aproveitou a oportunidade para acusá-lo de desrespeito e, assim, conseguiu expulsá-lo do reino.

A notícia dessa arbitrariedade trouxe uma série de outros eventos que mostraram a quebra das relações entre a Santa Sé e o reino

---

4 O galicanismo foi um movimento de origem francesa que, no século XVI, tentava criar uma igreja nacional desvinculada de Roma. Era dividido em duas correntes: o eclesiástico e o político. O primeiro aceitava a intervenção do poder civil nas questões religiosas e de fé. O segundo era uma versão moderna do cesarpapismo, fortificado pela ruptura religiosa do contexto e pelo nascimento das monarquias absolutas. Ambos estavam impregnados do pensamento contrário ao catolicismo romano.

português. Primeiro, Clemente XIII suspendeu a audiência prometida ao embaixador português, que, por isso, saiu de Roma. O rei, por sua vez, expulsou o auditor da nunciatura e seus funcionários de Portugal. Três decretos são promulgados em seguida pelo rei: o primeiro ordenava que todos os seus vassalos, seculares, eclesiásticos e regulares abandonassem os Estados pontifícios, inclusive, ameaçados de perder o direito de cidadão e terem os bens tomados. O segundo proibia enviar contribuições a Roma, recorrer ao papa ou fazer uso de qualquer breve, bula ou graça sem expressa autorização real. O terceiro fixava o problema que a Igreja enfrentaria com os poderes português: beneplácito imperial. Os dispositivos de controle e supressão da Igreja usados por Dom João I eram semelhantes aos encontrados na França, ainda antes da Revolução Francesa.

A Companhia de Jesus foi a principal vítima de uma armadilha que perseguiu todas as outras ordens. O Papa Clemente XIII reafirmaria a ordem jesuítica em 1765, por meio do breve *Apostolicum pascendi*, emitido em 12 de janeiro, mas a pressão contra as ordens somente pioraria depois dessa atitude pontífice. Apesar de proibido em Portugal, exemplares desse breve de Clemente XIII chegaram em castelhano e latim ao reino de D. João I. A Coroa tentou controlar a infiltração por meio da transformação do beneplácito em uma lei definitiva. Conjuntamente, mandou apreender e destruir os exemplares do breve papal.

Os impedimentos criaram problemas no governo com a população em geral, a falta de liberdade de comunicação direta com Roma ocasionou a falta de rescritos e dispensas papais. Pombal tomou a medida drástica de passar as decisões que sempre foram do papa para os bispos. O ministro tornava-se chefe da Igreja nacional, imitando o fenômeno francês que ocorria no absolutismo. No reino francês, "auxílio do braço secular seria seguido de um controle estatal minucioso" (Romanowski, 2019, p. 137).

O caso português somente demorou mais a acontecer e encerrou uma ligação muito forte entre a monarquia portuguesa e a Igreja. O Brasil sentiria essa quebra de modo mais forte no século seguinte, durante o fim do Império de Dom Pedro II.

Como esclarece Vieira (2021a, p. 108) "o clero obteve a autonomia irrestrita durante esse período, mas teria de retroceder porque a população sentia-se ligada ao trono pontifício e reagiu negativamente a tais inovações". As massas desobedeceram a várias imposições e até liberdades dadas por esses bispos cismáticos.

É importante citarmos a maneira como Pombal utilizou a literatura para instalar seus objetivos de controle sociorreligioso. Vieira (2021a, p. 108) resume, assim, a situação de perseguição do governo português aos seus antigos confessores, educadores e evangelizadores: "A literatura produzida combatia os jesuítas não apenas pelo que eram, mas pela ortodoxia que representavam e pelo próprio valor simbólico que possuíam, de estreita fidelidade a Roma num momento em que os estados absolutistas tudo faziam para submeter o clero às respectivas coroas".

As obras que mais fossem antijesuíticas, ou regalistas, eram publicadas com o patrocínio de Pombal, transformando-as em legítimas obras nacionais. Aliado a essa enxurrada de obras, houve o trabalho intelectual de literatos, teólogos e canonistas do reino, que recorrem a elas legitimando as ações da Coroa contra os jesuítas ou contra aqueles que se opunham à sua tentativa de controle total. O governo autorizava a publicação que lhe fosse mais importante, sem admitir crítica ou contestação. Em 1768, foi criada a Real Mesa Censória, subtraindo mais uma tarefa comum da Igreja: a de verificar o conteúdo de obras que poderiam desrespeitar a fé. No caso, a fé não era importante, mas sim o rei.

Devemos destacar a obra *Relação abreviada da República que os religiosos jesuítas das províncias de Portugal e Espanha estabeleceram nos domínios ultramarinos das duas monarquias e da guerra que neles tem movido e sustentado contra os exércitos espanhóis e portugueses*, escrita por Basílio da Gama com auxílio do Marquês de Pombal, cujo título, bem específico, indica como o evento dos problemas das missões foi transformado em um documento que visava espalhar a desinformação sobre os jesuítas no reino. Nela, os missionários do Brasil e do Paraguai são expostos como escravistas, cujas missões seriam, segundo o documento, prisões de trabalho forçado. A circulação foi patrocinada pelo governo, que enviou para todos os países seu texto difamatório.

Como mencionamos anteriormente, sentimos, até a atualidade, os efeitos da difamação dos jesuítas pelos governos iluministas, uma vez que a cultura foi uma das áreas de batalha entre a Igreja e as forças laicas. Um exemplo do que estamos afirmando seria o poema épico *O Uraguai*, de Basílio da Gama[5], no qual a Guerra Guaranítica é usada como pano de fundo da execração dos jesuítas.

Os jesuítas nada puderam fazer para contestar as acusações que recebiam de Carvalho e Melo. As produções literárias também divulgavam conteúdos pro-jansenismo, pró-galicanismo, como se todas as desgraças de Portugal fossem fruto dos jesuítas. A participação deles na construção e na manutenção da civilização cristã na Europa e no Novo Mundo foi solapada por um mar de textos que atacavam os jesuítas, o papado e, em alguns casos, até o cristianismo.

Em seu ápice, o pombalismo neutralizou a opinião da nobreza, expulsou os jesuítas, nacionalizou a Igreja, objetivando eliminar aqueles que considerava seus inimigos políticos, sem respeitar nenhuma titulação ou personalidade. A violência tornou-se endêmica no reino:

---

5 Em 1769, Basílio da Gama publicou o poema épico *O Uraguai*, em que critica os jesuítas e defende a política pombalina. O tema é a expedição luso-espanhola, chefiada por Gomes Freire de Andrade, contra as missões jesuíticas no Rio Grande do Sul, em 1756 (Gama, 1769).

qualquer motivo poderia causar a prisão e a eliminação de alguém, inclusive, os colaboradores mais íntimos eram descartados, ao bel-prazer do governo. O triunfo contra a Companhia veio em sua supressão universal, depois de uma pressão constante das Coroas católicas e bispos antijesuítas. Clemente XIV foi assediado por vários lados, o que culminou com o breve *Dominus ac Redemptor*, de 1773, declarando supressa a Companhia (Clemente XIV, 1773).

Os jesuítas foram expulsos, tiveram seus bens confiscados. O ensino foi desmontado e enxertado de um jansenismo com o catecismo de Montpellier, condenado há anos pela Igreja. A reforma universitária foi encabeçada pelo próprio Pombal. Durante sua visita à universidade, invadiu a biblioteca do Real Colégio de Artes da Companhia de Jesus e mandou milhares de livros de lá para a destruição, demonstrando um espírito que o Iluminismo gestava em segredo: o ódio pela tradição e pela história.

Um tribunal especial, chamado de Junta da Providência Literária, foi instaurado para realizar o projeto da reforma universitária. Entre as inovações inseridas em Portugal, havia um grande apreço pelo josefismo austríaco, teoria eclesiástica de José II, que recebeu controle da autoridade estatal, por meio de elementos que dificultassem as relações com a sede romana. Exemplo foi *placet*[6], que permitia aos bispos concederem dispensa matrimonial sem recorrer a Roma (Romanowski, 2019).

A afirmação de que o poder da Igreja era restrito à vida espiritual teve eco no Brasil, subterfúgio dos grupos laicos durante o início do império brasileiro para calar manifestações contrárias do clero com relação às suas atividades anticatólicas.

Portugal passaria a ser mais um local de infiltração de conceitos antirromanos, de tentativas de uma Igreja nacional ao estilo absolutista.

---

6 *Placet* era o direito do Estado de vetar ou restringir, em seus domínios, a aplicação de todas as bulas, cartas e outros documentos.

Pombal defendeu a anulação das decisões tridentinas, por ter sido, na época, fruto do pensamento jesuíta. A mudança da concepção eclesiológica foi o mais marcante ponto da manipulação ideológica de pombal.

A fórmula da Igreja para a concepção eclesiológica, baseada nas reflexões de São Roberto Belarmino (jesuíta), era a sociedade de fiéis reunida debaixo de um só chefe, que é Jesus Cristo, pela comunhão de crença e participação nos sacramentos, sob direção de seus legítimos pastores, principalmente o pontífice romano.

Pombal definiu, para os professores de Coimbra, que

> a Igreja é uma congregação de homens unidos em Cristo pelo batismo para que, vivendo todos conforme a norma estabelecida no Evangelho e proclamada pelos Apóstolos em todo o mundo, e debaixo da direção do governo de uma cabeça visível e de outros pastores legítimos, possam honrar bem o verdadeiro Deus; e por meio desse culto conseguir a bem-aventurança eterna. (Vieira, 2021a, p. 124)

A fórmula pombalina para a concepção eclesiológica apresenta ambiguidades, como no caso do batismo, do governo da Igreja etc. Só não era ambígua a ideologia defendida pelo marquês de o catolicismo invadia atribuições de Estado. A posição do clero lusitano foi a de submeter-se, preferindo criticar os interesses da Igreja ao plano autoritário da realeza. A figura de Pombal pode ser listada no rol das polêmicas e ambiguidades históricas, uma vez que os iluministas não o consideravam um de seus por servir a um rei que, estranhamente, mantinha uma fé, a qual fica aparente na hora de sua morte.

Pombal não procurava um Estado laico, mas uma Igreja dominada pelas ideias antirromanas de sua época. Sua autossuficiência era demonstrada nas atitudes sanguinárias, em muitos casos, sem aprovação do rei. A colocação de Portugal no conceito de despotismo esclarecido é debatível, afinal, os fatos apontam para um distanciamento dos padrões de refinamento de Frederico II da Prússia, exemplo de déspota esclarecido do contexto. Os iluministas célebres, como Voltaire, outro inimigo dos jesuítas, não aplaudiram os acontecimentos em Portugal e até criticaram o caso do Padre Gabriel Malagrida.

Dom José I, em seu leito de morte, decidiu reparar muitos de seus gestos e colocou em liberdade muitos dos cativos, tanto nobres quanto clérigos, das prisões de seu governo. A piedosa Dona Maria I, ligada desde a infância aos jesuítas, procurou sanar todos os problemas e injustiças provocadas pelo pombalismo. O poder do Marquês de Pombal, em pouco tempo, foi se desmanchando até ele pedir demissão do cargo em 1777.

Em 1781, a família Távora foi reabilitada. Dona Maria I perdoou as penas corporais e somente o exilou na Quinta de Pombal. O ex-ministro morreu em 1782, segundo relatos, de maneira dolorosa. Deixando um rastro de injustiças contra a Igreja, que continuou sua caminhada no mundo e no Brasil.

A falta dos jesuítas no território da colônia foi sentida no campo da educação e da evangelização. O atraso e as perdas nesses campos são imensuráveis. O pombalismo trouxe ao Brasil também um regalismo que destruiu a boa relação da Igreja com o governo português, que durava desde a fundação do reino. O padroado é desvirtuado e várias medidas vão tentar isolar o clero local da autoridade de Roma.

Síntese

Tratamos, neste capítulo, a respeito da importância da relação entre a Coroa Portuguesa e a Companhia de Jesus. Traçamos um perfil dos métodos e dos personagens que ajudaram a construir uma Igreja local, começando pela base, a evangelização dos chamados *gentios*. A procura dos jesuítas por um catolicismo renovado deu origem a uma civilização cristã no Brasil. O alto grau de formação, retratado nas figuras de São José de

Anchieta e de Manuel da Nóbrega, demonstra a capacidade e a novidade que os jesuítas representavam durante sua livre missão no Brasil.

Apresentamos nossa visão de como a Companhia foi combatida pelas linhas político-culturais antirromanas, tendo especial ênfase em sua versão moderna e portuguesa: o pombalismo. Observamos que o século XVIII é o recorte em que a união de Portugal e da Igreja se desmanchou. Todos os movimentos de desinformação sobre a ordem jesuítica são, como consideramos, uma prévia da maneira como os governos tentariam anular a Igreja nos séculos seguintes. As perdas com a expulsão dos jesuítas e a ascensão de Pombal vão repercutir na sociedade brasileira nos anos seguintes.

Vimos, também, como o regalismo e o padroado foram instrumentos que, em um passado próximo, haviam ajudado na manutenção da Igreja, contudo, a partir do século XVIII, tornaram-se um obstáculo para a hierarquia se constituir no Brasil de modo fiel à missão da Igreja.

Atividades de autoavaliação

1. A Companhia de Jesus é fundada em qual conjuntura de movimentos do século XVI?

    a) Reforma, navegações, colonização.

    b) Comunismo, totalitarismo, liberalismo.

    c) Fascismo, niilismo, republicanismo.

    d) Pombalismo, Iluminismo, globalismo.

    e) Jansenismo, galicanismo, indianismo

2. Qual foi o âmbito de ação dos jesuítas no Brasil?

    a) Comercial e militar.

    b) Político e científico.

    c) Diplomático e agrícola

    d) Educacional e catequético.

    e) Assistencial e imperialista.

3. Qual dessas respostas é pertinente à atuação do Padre Manuel da Nóbrega?

   a) Facilitou a escravização dos índios.
   b) Realizou a aproximação dos jesuítas aos protestantes franceses.
   c) Seu ativismo político o elevou a governador-geral do Brasil.
   d) Desenvolveu o início da catequese indígena no Brasil.
   e) Suprimiu as escolas reginais para evitar as rebeliões coloniais.

4. José de Anchieta destacou-se por quais obras durante seu período de vida no Brasil?

   a) Codificação da língua tupi-guarani.
   b) Instrução dos nobres.
   c) Literatura erótica.
   d) Formação de guerrilhas indígenas.
   e) Melhoria do sistema de execuções prisionais.

5. A supressão da ordem foi fruto de qual poder político?

   a) Jansenismo francês.
   b) Reformismo saxão.
   c) Republicanismo italiano.
   d) Josefismo austríaco.
   e) Pombalismo português.

Atividade de aprendizagem

Questões para reflexão

1. Os jesuítas conseguiram criar uma catequese específica para o ambiente cultural do Brasil Colônia. A contribuição dessa Ordem é conhecida entre os membros da Igreja? Comente a respeito.

2. As condições de início da evangelização mostram as dificuldades que os jesuítas passaram. O perfil dos catequizadores aponta para indivíduos de alta erudição e de nobreza familiar. Como explicar essa atitude de retirar-se de uma condição privilegiada para viver uma realidade selvagem e perigosa? Comente a respeito.

Atividade aplicada: prática

1. Escolha uma das obras literárias e poéticas de José de Anchieta citadas neste capítulo e leia-a com atenção relacionando o texto com o contexto brasileiro da evangelização empreendida pelos jesuítas. Em seguida, anote os pontos que demonstram a maneira como o autor utiliza a obra para promover a catequização do leitor/ouvinte.

3

O clero e o processo de independência

O clero foi um agente na discussão nacional no momento da independência do Brasil. A nova entidade política que surgiu no século XIX foi abordada pela hierarquia de maneira individualizada. O clero, naquele momento, não formou uma força corporativa, mas houve muitos debates entre clérigos sobre temas tanto políticos quanto religiosos. Por isso, no momento da independência, havia figuras ligadas à Igreja que não expuseram ideias nem um pouco próximas da ortodoxia católica. Apesar de tornados vultos políticos na história, não estavam aliados ao pensamento da hierarquia, como o regente do império Diogo Feijó, personagem que exemplifica os problemas doutrinários e ideológicos que a Igreja enfrentava no fim do século XVIII.

A confusão doutrinal é a nomenclatura dada ao momento em que forças laicas, como a maçonaria e o liberalismo, invadem o âmbito da hierarquia da Igreja e criam o fenômeno de clérigos defensores de ideias contrárias ao que era a doutrina católica, caindo até na tentativa de uma cisma nacional.

Os debates sobre a Constituição a ser adotada para o novo império e os elementos oficiais do ato de consagração foram cercados desse confronto entre a concepção católica e as forças laicas. Os grupos ligados à maçonaria e ao liberalismo propagam o pensamento iluminista do século XVIII, o qual, no mundo, objetivava o controle da Igreja pelo Estado. O movimento objetivava transformar o clero em um corpo de funcionários governamentais, eliminando a figura de uma Igreja unida a Roma. Um dos instrumentos dessa tentativa de controle é o padroado, o qual, com o pombalismo, foi desvirtuado ao ponto de funcionar como um supressor da liberdade da Igreja. O padroado passou a criar dificuldades para a evangelização e a manutenção da missão da Igreja católica. No entanto, nunca conseguiu eliminá-la ou destruir a fé popular.

Neste capítulo, abordaremos como os fatos que cercaram a Independência foram tratados pela hierarquia da Igreja em formação. A falta de uma liberdade total ao clero não evitou o surgimento de vultos capazes de manter a missão viva, mesmo em condições de humilhação e de violência por parte das autoridades.

3.1 Ambiente intelectual, naturalista e liberal

A criação do império brasileiro foi um movimento político que, sob o governo de Dom Pedro de Alcântara, trouxe uma nova realidade política para o Brasil. A formação desse império dos trópicos teve a participação expressiva do clero. Como citamos na introdução deste capítulo, os debates e pensamentos deles não trabalharam em forma de corporações. Em vista disso, tivemos as opiniões e as ideias mais extravagantes. As ideologias nascentes do final dos séculos XVIII e XIX fomentaram as ações de clérigos dos mais diversos níveis hierárquicos a tomar atitudes, em alguns casos, contrárias à própria missão da Igreja. Por essa razão, tivemos, no clero, atitudes ligadas a posturas naturalistas, secularistas, nacionalistas e até maçônicas.

O naturalismo merece atenção inicial por ter uma perspectiva que procurava eliminar e desprezar a vida contemplativa, um viés que proporcionava a perseguição às ordens religiosas. Como vimos a respeito do pombalismo, as ordens religiosas foram o maior inimigo do absolutismo.

O liberalismo é outra prática que tem força nesse contexto, e sua preocupação em eliminar os grupos intermediários entre os indivíduos e o Estado nacional considerava a Igreja como um empecilho do controle total da sociedade.

No Antigo Regime, o poder régio era mais orgânico, dependia das corporações e das regiões, situação que mudou com a Revolução Francesa: o poder dos grupos sociais e das regiões foram eliminados. Essa realidade fez surgir um Estado absolutista, o qual visava ao controle total da sociedade, portanto a religião deveria ser submetida ao poder governamental para que a meta de controle total fosse real.

Na França, esse objetivo pesou de tal forma que o clero passou a ter de jurar fidelidade à Constituição. Surgiu a "constituição civil do clero", que permitiu a eleição de párocos e bispos. "O juramento de fidelidade à Constituição se tornaria mais importante do que a crença na Revelação" (Romanowski, 2019, p. 189).

Nas demais regiões católicas, propagaram-se a tendência de procurar extinguir a independência da Igreja e a de subjugar o clero ao poder político. Portugal havia demonstrado essa atitude com o pombalismo alguns anos antes. Apesar da saída do ministro, suas ideias e seus seguidores continuaram ecoando nos domínios portugueses. O regalismo e o padroado moldados pelo Marquês de Pombal foram transpostos para o Brasil. O Império brasileiro nasce infiltrado por essas correntes ideológicas de dominação da Igreja. Contudo, como na Revolução Francesa, a dominação vem seguida de um ímpeto de eliminação.

Os sacerdotes das mais diversas posições políticas participaram do movimento de independência, e o motivo desse engajamento está no fato de que os clérigos representavam parte importante dos grupos de indivíduos com capacidade intelectual para os debates em torno da constituição de um novo poder político. No contexto do Brasil daquele momento, o clero não teria como fugir da ação de independência. O próprio "clube da resistência", que tinha como figura notória Frei Francisco de Santa Teresa de Jesus Sampaio, demonstra influência intelectual do clero nacional na política daquele momento. Frei Francisco produziu vários sermões que continham mensagens de teor patriótico.

O documento de pedido dos naturais da terra para que o príncipe continuasse no Brasil, historicamente lembrado como o *dia do fico*, teve a participação do episcopado. O clero era o termômetro da sociedade política: dependendo da situação, ele manifestava-se publicamente a favor ou contra o fato. Um exemplo foi durante o "grito do Ipiranga", no qual o Pe. Ildefonso Xavier Ferreira brandou o primeiro rei do Brasil.

Do outro lado, Dom Joaquim de Nossa Senhora de Nazaré reprovou a atitude de Dom Pedro I. O motivo talvez fosse por ser bispo do Maranhão, território que tinha uma afinidade mais forte com Portugal, sendo uma entidade política distinta do Brasil (Alencar, 2019).

O ato da independência ficou marcado como fato histórico na memória nacional. O dia 7 de setembro de 1822 é a data do grito do Ipiranga e, algum tempo depois, ocorre a aclamação de Dom Pedro I como imperador constitucional e defensor perpétuo do Brasil. O Brasil transformava-se em um corpo político independente, que ainda tinha muito o que configurar para efetivar essa condição. Devemos nos concentrar um pouco na questão da cerimônia de sagração e coroação desse império dos trópicos que surgia quase que inesperadamente no horizonte do Novo Mundo.

A organização desse ato inédito no Brasil teve a participação de elementos leigos, como José Bonifácio de Andrade e Silva – chamado, posteriormente, de *patrono da independência* – e José Egídio Álvarez de Almeida, barão de Santo Amaro; clérigos como Monsenhor Fidalgo, Frei Antônio de Arrábida, além do bispo diocesano, terminavam a mescla de membros da sociedade ao redor do Imperador.

A coroação foi mais do que evento simbólico, como são chamados esses eventos ao longo da história, visto que recebeu uma importância consistente no campo social. O período em que ocorre a independência do Brasil é o momento de tensão entre o Estado e a Igreja. O Estado moderno passou a concorrer com a Igreja e a atacá-la. Naquele momento, os dois poderes deram uma roupagem litúrgica ao marco público de instituição do imperador brasileiro. Um ponto que deve ser observado no evento é o fato de não ser tradição ibérica realizar essa cerimonia, ou seja, parece que o espelho da cúpula de governo foram as monarquias francesa e inglesa, as quais davam a esse cerimonial o peso de um sacramento, assim denominado porque, sobre o rei ou imperador, eram evocadas as bençãos de Deus e as graças para cumprir bem seu papel de vigário de Cristo na terra. E os reis portugueses cultivaram tal missão por muito tempo, desde a formação do reino.

A coroação não foi apenas uma inovação política, ou uma transposição de tradições francesas em uma sociedade ibérica, com a finalidade de construir um reino no Novo Mundo. Nela, temos a visualização de como a sociedade política nascente concentrou seus esforços para que fosse organizada de modo especial para o Império do Brasil. Considerando que foi uma liturgia, a coroação, portanto, teve de formular um rito que precisou de um acompanhamento e de aprovação episcopal. O juramento do imperador foi redigido por José Bonifácio de Andrade e Silva e proclamado perante o Bispo Capelão-mor José Caetano da Silva Coutinho.

O juramento começava com a afirmação do imperador de ser Pedro I, pela Graça de Deus e unânime vontade do povo feito imperador do Brasil e seu defensor perpétuo. Depois de pronunciado os títulos e a lembrança que tanto Deus quanto o povo o haviam aclamado, o juramento passou às obrigações. Citamos: "Juro observar, e manter a Religião Católica, Apostólica, Romana; juro observar, e fazer observar constitucionalmente as Leis do Império; juro defender, e conservar com todas as minhas forças, a sua integridade. Assim deus me ajude, e por estes Santos Evangelhos" (Alencar, 2019, p. 88).

O enunciado do juramento deve ter tocado a sociedade e a hierarquia, afinal, parecia reestabelecer os vínculos do rei com Deus dentro dos domínios portugueses, os quais ainda tinham a perseguição ao clero pelo pombalismo vivo dentro da memória.

As origens do rito de coroação parecem ter vindo de dois modelos possíveis. O primeiro espelhado na cerimônia de Napoleão Bonaparte – algo curioso, tendo em vista os problemas que Portugal teve com beligerância do governo napoleônico. Contudo, a figura de Napoleão tocou muitos pensadores, alguns até o denominaram *gênio da história*. Sua figura liga-se ao homem de Estado do século XIX, um exemplo no qual Dom Pedro I deve ter sentido a necessidade de espelhar-se. Afinal, foi um dos personagens do desenvolvimento de um império. O lado austríaco também solidificaria sua personalidade política ao lado desse título. Parece que os exemplos guiavam o jovem imperador do Brasil a buscar um cesarismo moderno.

A maneira que manufaturou a bandeira trouxe também a possibilidade de uma ligação com o sistema austríaco. Como já indicamos, a proximidade com o josefismo[1] também se infiltrou no governo português.

Na segunda possibilidade, houve a adaptação do ritmo previsto no pontifical romano. Apesar das medidas contrárias a Roma promulgadas por Pombal, ocorreu uma reabilitação delas no governo seguinte. A ambiguidade e a destemperança caminham juntas nos governantes portugueses, portanto o Brasil experimentara essa tendência em seu Império.

A criação de impérios do século XIX explica a elevação daquele reino americano entre repúblicas à dignidade de império. Talvez, por esse motivo, as forças da Corte forçaram a realização de uma coroação repleta de novidades. A denominação *império* veio ligada aos movimentos absolutistas. Como já destacamos, a figura católica do governo estava impregnada do regalismo pombalino.

Apesar da exposição de fé católica, o governo brasileiro não conseguia fugir das metas dos demais Estados nacionais do mundo europeu daquele contexto. O controle da Igreja e sua submissão estariam na pauta implícita da monarquia nacional. A figura de um governante como líder e protetor da religião de suas possessões talvez tenha

---

1 O josefismo surgiu na Áustria, na metade do século XVIII, e é fruto da concepção eclesiástica de José II, imperador do Sacro Império Romano Germânico, e pregava a submissão da Igreja ao controle estatal.

inspirado o imperador a procurar no pontifical romano as regras para tornar-se um rei legitimo. Trazemos a descrição da cerimônia feita por Otavio Tarquínio de Sousa:

D. Pedro estava fardado, de cabeça descoberta e, no seu centaurismo, de botas e esporas, pronto sempre para uma cavalgada. Na Capela Imperial, a cerimônia desenrolou-se com o aparato litúrgico de tais atos. Depois do juramento sobre o Evangelho, ungido no braço direito, peito e espáduas, e tomando as vestes majestáticas – manto de veludo verde com forro amarelo, semeado de estrelas e bordado a ouro, e a murça de penas de papo de tucano –, ouviu o imperador a missa, até o penúltimo verso do gradual, no trono, de onde desceu para ajoelhado, receber a espada – Accipe gladium – cingida pelo celebrante com as palavras – Ascingere gladio tuo etc. Em seguida ergueu-se, "desembainhou a espada, fez com ela vários movimentos e correndo-a sobre o braço esquerdo, como quem a limpa, meteu-a na bainha e tornou a ajoelhar. [...] À espada seguiu-se a coroa. Tirando-a do altar, ajudado pelos bispos assistentes, colocou-a o celebrante sobre a cabeça de D. Pedro, ao som de Accipe Coronam Imperii. Faltava o cetro – Accipe virgam virtutis etc. Recebido este, voltou ao trono com todas as insígnias imperiais para o Te Deum e últimos hinos e orações. Estava coroado o primeiro imperador do Brasil. Cerimônia compósita, mestiça, com toques medievais e coloridos brasileiros, bem de acordo com o príncipe constitucional, amante das ideias do seu século posto que não desapegado do que lhe caberia por força de herança, nela se misturavam épocas e sistemas, o liberalismo e o direito divino, a Europa e a América. "Ego Petrus Primus, Deo annuente, unanimique populi voluntate, factus Brasiliae Imperator" – juntavam-se em pomposo latim as duas origens do trono americano. Aventureiro, mas não parvenu, não quis D. Pedro imitar o gesto de Napoleão quando este pôs pelas próprias mãos a coroa imperial sobre a cabeça: era filho e neto de reis, podia aceitá-la, segundo a tradição, entregue pelos representantes de Deus, no caso o bispo capelão-mor e mais os de Mariana e de Kerman. [...] Tudo se realizou em meio de salvas de fortalezas, desfiles militares, arcos-de-triunfo, distribuição de mercês (criara-se a Ordem Imperial do Cruzeiro), artigos e versos laudatórios. A despeito da inevitável improvisação, resultante da falta de tempo e deficiência de recursos, não foi sacrificado o decoro essencial. (Sousa, 2015, p. 448-449)

A tomada do Brasil foi marcada por uma posse divina quando os portugueses celebraram o sacrifício da missa na terra recém-descoberta e, da mesma forma, o império brasileiro também tem um ato de posse divina, uma vez que a entrega da nação ao novo imperador aconteceu em uma liturgia. A visão divina do evento vai misturar-se ao contexto de nascimento de impérios do século XIX, os quais não foram tão próximos da Igreja como os antigos impérios católicos da medievalidade. Esses impérios que surgiram, dos quais o Brasil faz parte, fomentaram uma separação do Estado e da Igreja, como já afirmamos anteriormente. O imperador brasileiro utilizou recursos que, como veremos, dificultaram o desenvolvimento de uma hierarquia livre para atingir sua missão, mas, apesar de tudo, os clérigos fiéis à evangelização conseguiram solidificar a hierarquia brasileira durante o primeiro reinado.

3.2 O regalismo e o padroado

O contexto do surgimento do império dos trópicos de Dom Pedro I foi o da modernização geral do conhecimento. O século XIX trouxe mudanças técnicas em todos os campos do conhecimento. As melhoras materiais são inúmeras: saúde, transportes e comunicações começaram a se aprimorar; no entanto, devemos analisar, nesta obra, uma mudança que entrou no rol de assuntos sobre o qual a Igreja teve de debruçar-se muito naquele século e continua o fazendo até atualidade:

o abandono e a luta das forças intelectuais contra o divino e o sobrenatural. Esse contexto criou uma religião que tinha o homem como um ídolo, ao mesmo tempo que o via como descartável quando inútil aos seus olhos.

A religião começava a ser vista pelos governantes como um campo comum de aplicação de domínio. O sobrenatural é retirado: a Revelação de Deus não é mais um instrumento de progresso e harmonia social, mas apenas uma tendência psicológica que pode ser manipulada porque não tem efeito real nenhum.

O fato de os religiosos participarem efetivamente no ensino dentro das sociedades – afinal a Igreja foi a grande guardiã do conhecimento desde o fim da Antiguidade – fez os governos tomarem esse lugar, em muito pela força, para evitar que o transcendental fosse ensinado junto às outras matérias consideradas importantes pelo Estado.

Lembremos o caso dos jesuítas em Portugal e, depois, no mundo. Como afirma Alencar (2019, p. 92), "a religião no século XVIII passou a ser considerada também um meio de instrução pelo qual se adquire as virtudes de amar e de temer a Deus, obedecer e amar aos soberanos".

A busca pelo progresso estimulava a visão deísta, ou ateia, surgida no Iluminismo. A civilização e a religião caminhavam juntas, visto, por exemplo, que o desenvolvimento do Brasil, em vários âmbitos intelectuais, estava ligado ao esforço jesuíta. Todavia, a obsessão pelo progresso material e tecnológico produziu a visão de que o progresso deve distanciar-se da religião. Um fator importante, a partir do século XIX, não foi somente o distanciamento ou a instrumentalização, mas também a supressão da religião e da fé. A perseguição silenciosa ou cultural começava a despontar no Ocidente.

Um primeiro passo desse fenômeno contemporâneo é visto no caso do Brasil. O padroado é um instrumento do regalismo. O controle político utiliza esse privilégio régio, solidificado pelo iluminismo pombalino, como arma dos políticos liberais e anticatólicos para limitar a Igreja.

Quando foi criado, o padroado auxiliava os reis a dinamizarem os trabalhos apostólicos da Igreja e estava ligado ao espírito da Ordem de Cristo no começo do período das navegações. O imperador garantiu a continuidade do padroado da Ordem de Cristo no Brasil, mas não sua função original. A razão, que comandava o liberalismo e o nacionalismo moderno, transformou o auxílio em domínio. A visão política passava a querer um Estado sobre a Igreja, e o poder natural deveria prevalecer sobre o espiritual, ainda que fosse necessário o uso da força para produzir essa mudança.

Dom Pedro I procurou manter o padroado e, para tanto, enviou uma missão a Roma com vistas a garantir sua continuidade. A procura por uma concordata para manter os direitos em relação à Igreja no Brasil foi infrutífera. No entanto, em 1827, foi expedida uma bula concedendo aos imperadores do Brasil os mesmos direitos dos reis de Portugal do século XVI.

Existiam dois padroados que eram renovados para uso do imperador: (1) o padroado da Coroa, secular, para o provimento dos bispos; e (2) o padroado da Ordem de Cristo, eclesiástico, para designar outras funções eclesiásticas inferiores ao episcopado.

A liberdade da Igreja contra o padroado imperial foi um dos temas mais debatidos nesse recorte temporal da Igreja no Brasil. O fato de o Estado enviar um representante à Santa Sé indica a legitimidade do direito dela de concedê-lo. O padroado era uma tolerância da Igreja em Portugal, e não poderia ser uma delegação nacional porque sua natureza era espiritual, mas a soberania da nação é de ordem temporal.

O único padroado que existiu em Portugal era administrado pela Igreja e voltado para seus interesses missionários, sem prejuízos de sua liberdade. Os favores e as distinções que os príncipes recebiam com o padroado eram para auxiliar as ações missionárias, e não para tentar subjugar a Igreja.

Na bula do Papa Leão XII, intitulada *Praeclara Portugaliae*, de 1827, a Santa Sé exigiu o cumprimento dos decretos do Concílio de Trento, os quais eram rechaçados pelo governo português desde Pombal, por ter sido fruto do pensamento jesuíta. O decreto da sessão XXIV tratava dos bispos e cardeais e de sua apresentação. Vejamos um trecho dessa sessão: "serão solicitadas também para a criação ou nomeação de Cardeais da Santa Igreja Romana, ainda que os mesmos sejam diáconos, os quais serão eleitos pelo Sumo Pontífice, em todas as nações da cristandade, segundo comodamente pode fazer, e segundo os achar idôneos" (Carneiro, citado por Alencar, 2019, p. 94).

A primazia papal é um dos temas mais debatidos na era contemporânea desde a Reforma e a Contrarreforma no século XVI. A figura do papa vai ser desmerecida pelos inimigos do catolicismo pelo uso da ideia de nacionalismo. O papa, quando necessário, vai ser a fonte de acusação contra grupos, os quais serão taxados de ultramontanos ou traidores da pátria. Por enfatizar essa participação da escolha do papado, o Estado brasileiro não aceitou as condições de seguir o Tratado de Trento.

Como o Estado brasileiro não concordou com as condições da bula, o padroado não chegou a ser concedido aos imperadores, embora os candidatos aos postos eclesiásticos continuassem sendo apresentados à Santa Sé.

Alencar (2019, p. 94), ao explicar essa complexa questão, esclarece que o governo reconheceu que sua concessão era direito da Santa Sé, a qual, em 1827, solicitou favores e privilégios idênticos aos que gozava o Estado lusitano. Como o governo não aceitou as condições exigidas pela Santa Sé, que nunca reconheceu o padroado por meio de um documento, é claro que este, de direito, não existia no Brasil. Não existia o direito, mas o funcionamento da Igreja do Brasil continuou a ser como se existisse, com o imperador apresentando bispos e provendo a remuneração dos clérigos.

O padroado não existia como direito, e as bulas que criaram a Igreja do Brasil não o sistematizam, mas o império comportava-se como tivesse mesmo essa concessão, usufruindo dos privilégios e honrando as obrigações. A Igreja no Brasil, como em outras partes do mundo, teve de suportar problemas para evitar situações piores, sempre tentando, nesse contexto, manter a missão de evangelização viva.

O Papa Pio IX condenou, em dois documentos de 1864, a tentativa moderna de dominar a religião e utilizá-la com fins políticos. Os dois documentos, que marcaram a metade do XIX, a encíclica *Quanta cura* (Pio IX, 1864) e o documento *Syllabus*, anexado à encíclica, refletem sobre situações que começaram a surgir no contexto da coroação de Dom Pedro I.

Importante!

O século XIX foi marcado pela diligência do papado em criar alternativas católicas para as ideais laicas. Um marco desse recorte foi a doutrina social da Igreja. As encíclicas começam a servir de base para a Igreja admoestar e instruir os fiéis sobre temas diversos e contemporâneos. Durante o ano de 1864, Pio IX redige a encíclica *Quanta cura*, que trazia a visão da Igreja sobre erros do progresso, do liberalismo e da própria cultura moderna daquele contexto. Os erros dessas visões foram apontados também em um apêndice dessa encíclica, o chamado *Syllabus*, que listou 80 posições modernas consideradas erradas pela autoridade da Igreja. Esses documentos mencionam não somente casos isolados da Europa, mas apresentam também um diagnóstico dos problemas espirituais que a humanidade começava a sofrer. O Brasil imperial não fugiu dessa situação e, no período Republicano, teríamos a mesma mentalidade laica de controle da Igreja.

Naquele momento, o regalismo tentou firmar o padroado como um poder civil, não uma concessão da Igreja, com fins evangelizadores. O Estado moderno tentou subjugar todas as esferas da vida, principalmente a religião e o transcendental. A partir das revoluções protestantes, os governos passaram a impor regras e parâmetros ao sobrenatural. O próprio anglicanismo foi imposto de cima para baixo, com a utilização de medidas extremas. No Brasil, a partir da metade do século XIX, o imperador afirmou que seu direito de padroado era de competência dele mesmo, sem a concessão pontifícia.

O Estado invadiu as competências da Igreja do século XIX em diante, empreendendo sua redução até torná-la um ordenamento secular, uma associação privada, ou apenas um departamento estatal, como ocorreu na França pós-revolução. A atitude substituía, de maneira forçada e artificial, o regime de reconhecimento mútuo dos poderes. O Estado reconhecia a Igreja como uma entidade perfeita, soberana na ordem espiritual, fundada por Jesus Cristo para continuar sua missão na terra. O reconhecimento da Igreja, portanto, não decorria de concessão do Estado nem de outro poder temporal.

Devemos frisar que a realidade daquele momento era outra: a tendência laicista moderna passava a tratar a Igreja como associação ou grupo normal. Além disso, surgiu o pensamento de entendê-la como parte do Estado. Nesse contexto, a negação do reconhecimento público e de sua natureza divina foi o ponto de tensão entre o Estado e a Igreja em todos os níveis da sociedade contemporânea.

Quando o Estado quer incorporar a Igreja, a primeira atitude é criar um episcopado nacional, no sentido de nacionalismo, ou seja, bispos que tenham mais afinidade e juramento ao governador do que à Santa Sé. Essa tendência perdura até os dias atuais. A perseguição à Igreja começou pela criação de um clero estatal, desvinculado dela tanto nos laços da instituição quanto da missão. Houve, portanto, uma encenação de evangelização que não passava de uma peça de atitudes de caridade postiça.

Como argumenta Alencar (2019, p. 96), "a jurisdição universal da Santa Sé sobre a Igreja sempre foi a maior garantia da independência da Igreja Católica em relação aos governantes", porém o nacionalismo moderno tentou sempre infiltrar seu espírito nos cleros locais para criar aversão ao papado.

Durante as disputas entre a hierarquia brasileira e os grupos laicos da maçonaria nos anos seguintes, houve esse crime mental utilizado contra o clero fiel. Essa técnica de subversão criou cismas e o galicanismo francês.

Para continuarmos a abordagem sobre as mudanças que a modernidade trouxe à realidade da Igreja, precisamos explicar como entendemos o termo. A modernidade é uma ideologia própria que está no campo da filosofia e das ideias, e não da técnica e do progresso material. Ela deve ser compreendida como uma visão de mundo que rompe com as tradições antigas; não somente com as tradições de antes da Era Moderna, mas também com qualquer uma que se visualize com antiga ou tradicional. A modernidade não é progresso tecnológico, porque este não é fenômeno exclusivo da Era Moderna, visto que, desde os primórdios, o homem progride em técnicas e ciências.

Algumas das características mais marcantes dessa ideologia são o subjetivismo e o secularismo, ambos condenados pela Igreja como erros modernos. A própria palavra *ideologia* demonstra o que é o pensamento moderno. Por isso, consideramos que a ideologia é um conceito criado para substituir a metafísica e a psicologia. Portanto, a ideologia queria ser a ciência das ciências – centrada no estudo do homem –, estendendo-se às ciências naturais, biológicas, políticas e morais e renunciando a qualquer tipo de explicação transcendente.

Essa ciência queria intervir no ensino em todos os níveis, como uma prolongação do Iluminismo, no qual Karl Marx forma-se e escreve, com Friedrich Engels, a obra *A ideologia alemã*, em 1846, na qual defende que a vida produz as consciências (Marx; Engels, 2007), invertendo, assim, a ideia apresentada por Hegel na obra *Fenomenologia do espírito*, de 1807, na qual Hegel afirma que a consciência produz os feitos passados (Hegel, 2002). O transcendental é um inimigo das formas modernas de intelectualidade, principalmente nas ligadas aos governos.

O secularismo e o naturalismo não ocorreram somente fora da Igreja. No Brasil e no mundo, eles têm infiltrações dentro do clero e até nas altas cúpulas das hierarquias. No Brasil, não faltaram clérigos que aceitavam a submissão da Igreja ao Estado. Um fato marcante no contexto nacional foi a luta desses partidários da ideologia moderna, representados pelos grupos ligados à maçonaria e aos membros do governo cuja mentalidade foi alimentada durante o domínio do pombalismo na sociedade política, contra os sacerdotes religiosos.

As ordens são as antíteses desses grupos. Franciscanos, carmelitas e, sobretudo, os jesuítas, como vimos, representam a hierarquia fiel, aqueles que estão ligados à Santa Sé de maneira efetiva e distantes do poder político local.

A existência desses grupos laicos anticlericais evitou que os movimentos nacionais ligados à Igreja pudessem manter seus vínculos normais com a Santa Sé. O lado laico colocava que esse vínculo internacional era contra a ordem nacional, procedimento que evitava que os movimentos conseguissem receber auxílio material e intelectual da Igreja.

Como comentamos, o naturalismo tinha aversão à vida contemplativa e à mortificação espiritual em razão de essa atitude não criar os benefícios buscados pelo Estado no campo religioso. A falta de controle da religião impedia o Estado de inferir suas ideias pelos dois campos controlados pela Igreja naquele momento: a educação e a assistência social. O objetivo era que a religião se restringisse a um simples braço do governo, por isso os religiosos eram atacados pelo Estado e pelo clero secular vinculado ao poder político estatal.

A historiografia demonstra o que é regalismo no Brasil por meio de um documento de instruções enviado ao Monsenhor Francisco Corrêa Vidigal, em 1824, pelo governo imperial de Dom Pedro I. No documento, consta que a "Santa Sé gosta de ingerir-se nos negócios dos Estados, em matéria de jurisdição", e o texto continua pedindo "discrição e diligência para conseguir todas aquelas coisas que deveriam pertencer ao imperador como soberano Protetor e Padroeiro da Igreja do Brasil" (Carneiro, citado por Alencar, 2019, p. 98).

O objetivo em relação à Santa Sé era o de nomear arcebispos, bispos, cônegos, além de todos os benefícios eclesiásticos. Infelizmente, não para criar um clero otimizado para a missão, mas um grupo devidamente adestrado para seguir as linhas ideológicas da Corte e da Coroa.

O governo também queria os direitos antigos dos reis portugueses. Em discurso típico do conciliarismo, acontece o desafio à autoridade papal na instrução; o que o governo queria era promover os direitos dos bispos, os quais, segundo o documento, estavam sendo "esbulhados pela Santa Sé" (Carneiro, citado por Alencar, 2019, p. 99). A petulância governamental recomendava ao enviado que conseguisse a proposta de evitar que o núncio apostólico não fosse revestido de caráter de núncios. Por isso, a nunciatura no Brasil aconteceu somente na República. O texto termina recomendando que evitasse a vinda de novas ordens ou monges ao Brasil, confirmando, portanto, a aversão dos poderes laicos aos grupos contemplativos (Alencar, 2019).

De acordo com Carneiro (1950, p. 141), "o regalismo, porém, não se manteve muito tempo oculto, e na sombra de instruções diplomáticas. Logo, nos debates da primeira legislatura, ele irrompeu com acrimônia e irreverência para com a Santa Sé".

Os erros modernos aparecem lentamente na história da Igreja no Brasil, podemos, por exemplo, retornar ao documento enviado a Monsenhor Vidigal para perceber a grande teia ideológica que existia nas sombras do império de Dom Pedro I. O imperador, em si, nunca fugiu de sua imagem de militar. O regalismo, na verdade, foi defendido por seus assessores e outros políticos. A sociedade política que cercava o imperador estava impregnada por uma matriz intelectual de tendências galicanista e anticlerical. Situação bastante natural se pesarmos que as bases intelectuais dessas correntes foram plantadas nos anos do Marquês de Pombal, ou seja, impossível a sociedade esquecê-las somente porque o rei e o ministro mudaram.

O fato mais marcante está na parcela de sacerdotes que eram contra a Santa Sé, geralmente indivíduos próximos de grupos laicos anticlericais e que se comportavam como empecilhos ao desenvolvimento da fé, seja por atrasarem ou dificultarem a evangelização, seja por realizarem sacramentos de maneira incorreta, seja, até, por blasfêmia. Durante a questão religiosa, tópico que estudaremos mais detalhadamente à frente, a ideia da usurpação da Igreja tornou-se o mantra dessa parcela de sacerdotes desviados da fidelidade à Igreja.

Uma linha de ideologia laica importante durante a independência e o período imperial foi a ligada às sociedades denominadas *maçônicas*. Por isso, veremos, com mais detalhamento, sua função e sua atuação nesse recorte temporal. Sempre relacionando as ações com as reações da hierarquia da Igreja no Brasil.

3.3 A maçonaria e a Independência

A maçonaria é uma organização que existe no Brasil desde antes da Independência. Há várias teorias sobre sua criação, algumas a remontam a séculos atrás, como a afirmação de ter nascido durante a construção do Templo de Jerusalém pelo Rei Davi.

Historicamente, sua fundação teria ocorrido por volta do século XVII, inclusive Dom Frei Maria Gonçalves de Oliveira, em sua instrução pastoral de 1875, sobre as sociedades secretas, aponta o ano de 1717 como a data mais real de sua fundação.

Sua gênese está relacionada a grupos ligados à Revolução Gloriosa de 1688, que depôs o rei inglês; sua estrutura de sociedade "secreta" e suas posições filosóficas e políticas alastram-se por toda a Europa nos anos seguintes. Esse movimento político extinguiu a dinastia de direito divino, substituída pela dinastia de direito consuetudinário[2]. A participação de suas "lojas"[3] na Revolução Francesa e em outros movimentos liberais a colocou como uma entidade histórica importante nas políticas europeias.

Essa filosofia universalista e anticatólica atravessou os continentes, e sua chegada ao Brasil foi documentada por volta de 1818. O espírito iluminista e liberal que cunhou a visão de mundo maçom circulava

---

2 O direito consuetudinário é uma forma de direito baseado na tradição e na cultura dos povos; um pensamento que valoriza a ação humana e local. Quando comentamos que essa espécie de direito substituiu o direito divino, é porque os grupos laicos queriam centralizar o poder local para si mesmos. Para isso, deveriam abolir tudo que transpassasse o regional. A ligação ao divino é exatamente essa situação de universalidade, a qual aproximava a sociedade de instituições como a Igreja Católica, algo que causou certo desconforto nas elites ligadas aos grupos laicos. Primeiro, por ser algo ligado ao catolicismo; segundo, por diminuir o poder deles sobre a sociedade.

3 O termo *loja* é usado para designar locais de reuniões maçônicas. Em português, esse termo foi adotado pelo fato de ser próximo ao termo francês *loge*, cujo significado seria "alojamento", em português.

nos domínios portugueses desde o pombalismo. O Brasil era um porto certo para que essas ideias desaguassem pelo fato de ser uma terra nova para qualquer ideologia.

Em 1818, Dom João VI tenta impedir a existência das lojas em seus domínios, mas as sociedades contornavam essas medidas de várias maneiras. O retorno da família real em 1821 abriu espaço para a retomada dessas organizações se reunirem de modo contínuo. A matriz das lojas maçônicas no Brasil foi a Comércio e Artes; a partir dela o número cresceu até a fundação da loja Grande Oriente Brasílico em 1822. Geralmente, os grupos camuflavam suas lojas em clubes literários ou artísticos e utilizavam, inclusive, nomes tipicamente católicos ou monárquicos para desviar a atenção das comunidades mais simples da sociedade.

Destacamos a ligação dos políticos brasileiros e do imperador com a loja Grande Oriente Brasílico. José Bonifácio participou da fundação da loja Apostolado da Nobre Ordem dos Cavaleiros da Santa Cruz e, como era um dos influenciadores intelectuais de Dom Pedro I, acabou por introduzi-lo na sociedade. Inclusive, o príncipe regente recebeu o título de Arconte-rei.

A participação de Dom Pedro I na maçonaria, homem-forte do império, continuou e, quando ele adentrou também no grupo que gestava a Grande Oriente, recebeu ali o título de grão-mestre.

Outro personagem introduzido na sociedade foi Joaquim Gonçalves Ledo, o qual foi agraciado com o cargo de grande vigilante. O alto escalão do império estava inserido na maçonaria, fenômeno comum no restante da Europa pós-revolucionária repetia-se no Brasil.

No Brasil, a maçonaria sofreu divisões porque Joaquim Ledo retirou José Bonifácio do cargo de grão-mestre da Grande Oriente Brasílico para dar o título ao imperador Dom Pedro I. O fato de Bonifácio não ter sido destituído de maneira correta para os padrões da sociedade causou a tensão das duas lojas. Nessa época, Dom Pedro I recebeu a alcunha de Guatimozim, nome asteca do último imperador de Cuauhtémoc.

Colocar o imperador como grão-mestre era uma estratégia de Ledo para derrubar Bonifácio. Contudo, Bonifácio foi nomeado ministro de Estado e, aproveitando-se do cargo, anulou as ações de Ledo. O contragolpe de Bonifácio foi reestabelecer a proibição à maçonaria, óbvio, apenas como forma legal de abater seus inimigos pessoais. As disputas internas são apenas jogo político do momento. A maçonaria tinha no Brasil uma unidade igual a dos outros países. O importante eram os objetivos internos que sempre entraram em conflito com a Igreja.

Essa tensão percorreu todo o período do Império brasileiro até a República. Dom Vital alertaria, alguns anos depois, que "a maçonaria diz um autor sagrado da seita, não é de pais nenhum [...] É uma universal: tem muitos centros de ação, mas só um centro de unidade" (Oliveira, 1875, p. 21).

Gonçalves Ledo, durante o período de preparação para a constituinte, tentou um plano ousado junto com Clemente Pereira, para levar três folhas assinadas em branco e o juramento prévio à Constituição a Dom Pedro I. O plano foi frustrado por Bonifácio, que convenceu Dom Pedro que era uma atitude absurda e um ato de usurpação do poder. Aproveitando-se do cargo de grão-mestre, o imperador suspendeu a loja Grande Oriente no final de 1822. A proscrição da maçonaria nos meses seguintes por Dom Pedro afetou até a loja Apostolado da Nobre Ordem, de Bonifácio, no ano seguinte.

Os irmãos Andrada foram presos e desterrados para a França. Ledo fugiu para a Argentina. O próprio imperador fechou a loja em que era grão-mestre, colocando um fim em sua participação efetiva na maçonaria.

Nem a força dos grupos maçons, nem sua existência terminaram em decorrência desse embate político entre o imperador e alguns membros importantes das primeiras lojas do Brasil. A maçonaria, como costumavam dizer os maçons, entrou em um período de "adormecimento que durou até a abdicação do jovem imperador, em 1831" (Vieira, 2021a, p. 157). A prova disso foi o confronto desses grupos com os bispos e clérigos fiéis à Igreja até o final do Império, como Dom Vital, o grande atuante em seu combate. Uma batalha de intrigas que aconteceu, inclusive, dentro da hierarquia nacional.

3.4 A Igreja e a Constituição imperial

O documento da Constituição de 1824 foi assinado no contexto da invasão de Portugal por forças napoleônicas, que acarretou a saída da família real para o Brasil, em 1808. Essa situação beneficiou o Brasil em vários aspectos, contudo, nessa vinda, temos os primeiros exemplos de que o poder laico simula uma postura de aproximação com a Igreja. Exemplo disso é o despejo das ordens centenárias dos capuchinhos e dos franciscanos para que a nobreza tivesse um local para viver no Rio de Janeiro.

O retorno da Corte aconteceria em 1821, depois da Revolução do Porto e da derrota de Napoleão. O marco desse momento estava na ruptura causada pela não restauração do pacto colonial. Dom Pedro, então regente, aceitou a pressão dos naturais da terra – compostos por muitos clérigos – e ficou. A própria carta de pedido de permanência foi assinada por um bispo.

O primeiro imperador brasileiro tinha uma fé embebida no regalismo e, utilizando desse instrumento herdado de sua família, Dom Pedro I reúne, ao seu redor, numerosos políticos simpatizantes do galicanismo e do pensamento anticlerical. As ideias maçônicas também empurraram o imperador para essa atitude de tentar usurpar a Igreja, alegando que ela usurpou o Estado. A vida particular do imperador causou problemas e dificuldades para conseguir um matrimônio adequado. A truculência contra a revoltas, aliada a certas atitudes absolutistas, minou sua disposição com o reino. A abdicação foi recebida friamente pelo episcopado.

A partida do imperador não mudou a influência das decisões religiosas tomadas até aquele momento, as quais criaram barreiras para o desenvolvimento da Igreja pelos anos seguintes. Podemos afirmar, inclusive, que o catolicismo teve seu desenvolvimento atrasado pela formação da Constituição de 1824, que estava impregnada de uma leitura liberal, regalista e maçônica.

A Constituição Imperial reconheceu o catolicismo como religião oficial, porém não deixou totalmente a mentalidade maçônica e liberal pela qual pretendia controlar a vida religiosa no país. Essas linhas de pensamento deixaram, no corpo dessa Carta, vários entraves ao desenvolvimento do catolicismo e à solidificação da hierarquia, apesar de ter um conteúdo menos agressivo contra a fé católica do que poderia ter sido se a vontade dos constituintes fosse atendida plenamente. Dos 100 deputados eleitos, 19 eram clérigos, mostrando que a participação da Igreja nas decisões do Brasil era inevitável em razão do papel do clérigo como intelectual. Obviamente, o contexto alerta-nos que nem todos esses padres estavam de acordo com a ortodoxia da Igreja.

A Assembleia teve como presidente Dom José Caetano Coutinho, o mesmo bispo da sagração e coroação de Dom Pedro I.

A Constituição de 1824 teve a influência do bispo que chegou ao Brasil em 1808, vinda atrasada em razão das guerras napoleônicas. No Rio de Janeiro, recebeu seu episcopado, foi responsável pela reforma do Seminário São José, introduzindo nele novo plano de estudo. Recebeu a nomeação para capelão-mor em 1808, continuando nela depois da independência. Sua figura conduziu os sacramentos à família imperial durante o primeiro reinado: abençoou as núpcias do imperador, batizou seus filhos e até a extrema-unção da Rainha Dona Maria I e da Imperatriz Leopoldina.

A posição de presidente da assembleia e sua ligação forte com a nova linhagem imperial não foram suficientes para tornar a Constituição próxima da doutrina da Igreja. Contra ela, existiam muitos deputados comprometidos com as ideologias daquele momento e até clérigos que corriam contra sua própria fé. A batalha da hierarquia para constituir-se em uma estrutura sólida e capaz de combater os inimigos da missão mostrou que seria dura durante aquele momento e nos séculos seguintes. A formação da comissão constituinte mostra essa realidade de dificuldades.

Os trabalhos tiveram início com uma comissão de seis constituintes para preparar o anteprojeto, formada por Antônio Carlos Ribeiro de Andrada Machado e Silva, irmão de José Bonifácio de Andrada e Silva, notório maçom, como vimos anteriormente. Outro destaque foi Padre Francisco Muniz Tavares, que participou, em 1817, da Revolução dos Padres, insurreição que se inspirou na Revolução Francesa e que procurava criar uma República liberal no Brasil. O movimento recebeu esse nome na historiografia pelo fato de contar com, pelo menos, 40 padres em sua lista de rebeldes. A figura do clérigo destacou-se por tentar impugnar o alvará de proibição da maçonaria no Brasil de 1818. Essas duas personalidades entregam, com suas biografias, a grande vantagem que ideias modernas teriam na produção da Carta Magna do Império.

A dificuldade da missão foi aumentada por atos como os do Padre José Antônio Caldas, outro próximo dos Andrada, e conhecido por pregar ideias liberais. Caldas propôs, nos trabalhos constituintes, um projeto para limitar a admissão dos candidatos à vida sacerdotal e regular. Embora o projeto tenha sido derrotado nas votações, a proposta de coerção das ordens religiosas foi incorporada às atitudes extraoficiais das elites políticas imperiais. Logo depois da dissolução da assembleia, o padre participaria da Confederação do Equador, revolta que se alastrou pelo Nordeste e foi marcada pela figura de Frei Caneca, o qual passou a ser elencado como herói nacional, mas, no campo religioso, era contrário às normas e aos pensamentos da Igreja.

Frei Caneca endossou sem reservas o discurso dos grupos laicos de que a maçonaria era quase tão velha quanto a civilização e teria, inclusive, participado da construção do Templo de Jerusalém (Vieira, 2021a). Frei Caneca foi um apologista dos pedreiros livres e de seus feitos, um exemplo da força dessa linha laica de pensamento dentro da hierarquia e que sofria por ser ainda, para muitos, apenas uma escolha profissional, e não uma missão transcendental.

Antônio Carlos Ribeiro de Andrada redigiu o projeto da Constituição apresentado na primeira sessão do mês de setembro de 1823 (Alencar, 2019). Vieira (2021a, p. 160-161) afirma que "o texto, fiel ao pensamento de seu autor, maçom notório, constava de 272 artigos e propunha a adoção de total liberdade religiosa para as denominações cristãs, ainda que assegurasse certa precedência à religião católica".

Os pensadores laicos queriam minar a religião católica, mas sabiam que o povo não tinha afinidade com mudanças bruscas, sendo assim, os governantes não podiam eliminar os laços e a primazia do catolicismo no Império, ainda que fosse apenas um artifício discursivo. O placebo da primazia era revelado na proposta do art. 124, o qual definia que os religiosos não poderiam exercer o voto (Brasil, 1824).

O preâmbulo denunciava o pensamento deísta moderno, nele deveria constar apenas a frase: "auxílio da Sabedoria Divina". "Durante a Revolução Francesa é instaurado a festa da Deusa Razão e o culto do Ser supremo" (Romanowski, 2019, p. 191), e a escolha da sabedoria como "padroeira" do documento máximo do Império era um traço dos objetivos dos políticos envolvidos nela.

A posição de Antônio Carlos teve, em 1825, uma resposta oportuna, vinda do futuro Visconde de Cairu, José da Silva Lisboa, o qual exigiu que invocasse, no preâmbulo, os "auxílios da Santíssima Trindade" (Alencar, 2019, p. 105).

O projeto constitucional cheio de inserções dos grupos anticatólicos foi aprovado, a assembleia, entretanto, foi dissolvida em 1823 por Dom Pedro I, que criou, depois, o Conselho de Estado, formado por seis ministros, aos quais se somaram quatro homens públicos. O principal objetivo deles foi elaborar um novo projeto constitucional.

O relator do projeto, José Joaquim Carneiro de Campos, futuro Marquês de Caravelas, iniciou os trabalhos colocando no projeto a menção *em nome da Santíssima Trindade*. O texto, que teve como base um rascunho feito pelo imperador, era composto por 179 artigos e estabeleceu o governo unitário e o Estado monárquico e hereditário.

No art. 98, a Carta instaurou o Poder Moderador, por meio do qual o ocupante do trono passaria a poder intervir nos demais poderes, demonstrando, assim, que o regalismo absolutista não havia saído da concepção política do monarca. Como bem explica Vieira (2021a, p. 162), "a mentalidade autoritária em todo o período vigente daquela Constituição nunca se separou da retórica liberal. Nela, o padroado era um direito majestático, tal como nunca fora antes pelo governo português".

No novo documento que definia a estrutura da entidade política do Estado Imperial brasileiro, havia vários artigos que demonstram as características do pensamento dessa nova Corte dos trópicos. O art. 5º, por exemplo, é um dos mais conhecidos pelos pesquisadores da história da Igreja no Brasil:

> Art. 5º A Religião Catholica Apostolica Romana continuará a ser a Religião do Imperio. Todas as outras Religiões serão permitidas com seu culto domestico, ou particular em casas para isso destinadas, sem fórma alguma exterior do Templo. (Brasil, 1824)

A afirmação do artigo parece ser um exemplo da manutenção da fé católica como tendo vantagens sobre as demais. Contudo, temos de analisar de maneira minuciosa a verdadeira intenção de conceder um direito a um lado e suprimir os dos outros. Devemos ter em mente que essa decisão foi tomada de modo unilateral, sem debates, tendo sido a Constituição outorgada, e as concessões são a confirmação da tutela do Estado sobre a Igreja, e não o estabelecimento de direito preexistente. "O sistema manifestava-se pela defesa de uma religião tal como ele próprio a via e praticava, e não como ordenava Roma" (Vieira, 2021a, p. 163).

Outros dispositivos notáveis expõem a forma regalista da finalidade e da política do Império. O art. 92, inciso IV, determina que: "São excluidos de votar nas Assembléas Parochiaes. [...] IV. Os Religiosos, e quaesquer, que vivam em Communidade claustral" (Brasil, 1824).

A retirada dos clérigos regulares e contemplativos da ação da eleição tinha um ar de isolamento e de divisão entre Estado e Igreja. A perseguição à vida contemplativa pura está nesses pequenos artifícios legais. O texto constitucional continua sua solidificação maçônica liberal. A mentalidade da sociedade política estava fechada nas ideologias que citamos, e a Igreja teria de conviver com elas por muito tempo.

O art. 102 determinava que "o Imperador é o Chefe do Poder Executivo, e o exercita pelos seus Ministros de Estado", arrolando nos incisos uma série de atribuições, entre as quais:

> II. Nomear Bispos, e prover os Beneflcios EclesiAsticos.
>
> [...]
>
> XIV. Conceder, ou negar o Beneplacito aos Decretos dos Concílios, e Letras Apostolicas, e quaisquer outras Constituições Eclesiasticas que se não oppozerem à Constituição; e precedendo approvação da Assembléa, se contiverem disposição geral. (Brasil, 1824, art. 102, texto original)

O padroado ganhou uma nova versão imperial em 1827, quando o Estado reconheceu o direito da Santa Sé de conceder o padroado a quem ela julgasse merecedor. Um fato importante é que, meio ano antes, uma missão diplomática havia ido a Roma sob o comando de Monsenhor Vidigal, o qual era abertamente próximo das ideias liberais no campo religioso; sua linha ideológica separava o papado da Igreja. Seu objetivo era fazer Roma aceitar e legitimar o novo país como nação independente e, se possível, assegurando os direitos imperais.

O monarca queria institucionalizar o direito de indicar bispos, dos cabidos e outros benefícios; o poder de *placet* sobre as bulas e os decretos pontifícios; a regulamentação da atividade missionária; as execuções do regime de mão-morta[4] sobre as propriedades da Igreja e dos reguladores; e o exercício do recurso do clero à Coroa nas questões relativas ao foro eclesiástico. O ministro de negócios estrangeiros

---

4 *Regime de mão-morta* é um termo que remete à medievalidade europeia. Representava, na época, os bens da Igreja e das comunidades religiosas que eram protegidas pelos monarcas ou poderes temporais. Por estarem nessa situação de vigilância, não podiam ser vendidos sem autorização, pelo menos, do conselho local. Contudo, depois da Reforma protestante, as terras das ordens eliminadas foram transformadas em patrimônio do príncipe e utilizadas como forma de conseguir apoios dentro das sociedades. Durante o Primeiro Reinado e Regência no Brasil, os bens de mão-morta entraram em debate sobre sua desamortização em certos locais. Os políticos do período queriam aproveitar do patrimônio da Igreja para seus ganhos pessoais.

Aloisio José de Carvalho e Melo, conjuntamente com Vidigal, preparou um documento de 33 parágrafos que apresentava o esperado teor do galicanismo político. Tal pensamento era uma versão moderna do cesarpapismo (Romanowski, 2019).

O enviado do império não foi aceito pelo secretário de Estado pelo fato de Portugal, inconformado com a perda da principal colônia que tinha, lutava para que a referida missão não alcançasse seu objetivo. O secretário de Estado nem permitiu ao encarregado brasileiro usar a denominação *oficial do Brasil*. A demora na audiência passou de um ano. Portugal aceitou a perda de sua possessão na América em 1825, graças à intercessão de Cardeal Bartolomeu Pacca, sobre quem Dom Pedro I tinha bastante influência, e que o conhecia desde a infância.

No ano seguinte, a Santa Sé reconheceu a independência brasileira e Vidigal pode, com isso, continuar seus objetivos. O Papa Leão XII, mesmo sem um acordo de concordata, criou, no Brasil, três ordens militares: a de Cristo, a de Santiago e a de Avis, conferindo ao soberano do novo reino o padroado e os benefícios do império. Criou, ainda, um grão-mestrado para Dom Pedro I, independente da Ordem de Cristo portuguesa.

As mesmas ordens que promulgaram as descobertas da terra do Brasil, agora, renasciam, mas sob filosofias distantes daquela que defendia a evangelização e a proteção da fé.

É possível evidenciarmos que o novo império valorizou a tradição da Ordem de Cristo pelos símbolos régios, como a bandeira nacional, idealizada por Jean Baptiste Debret, que adotava, em seu brasão central, a cruz da Ordem, o mesmo símbolo que Cabral levava em sua expedição. A Mesa de Consciência e Ordens, em 1822, afirmou, nas pessoas de José Antônio Miranda e de José Fragoso, que a Igreja no Brasil deveria se sujeitar à Ordem de Cristo, ou melhor, a Dom Pedro I, por este ser grão-mestre, título justo a ele por ser o príncipe primogênito e herdeiro do trono português.

A ideologia de supremacia do Estado sobre a Igreja estava em todos os órgãos públicos de Portugal; mesmo sendo uma perda para o reino português, o novo Estado brasileiro deveria ser o verdadeiro dono da sociedade. O direito de padroado continuou em vigor, não pelo Brasil ser cristão, mas por força da Constituição Imperial, então considerada como a única norma legítima de ser observada e seguida. A Santa Sé nunca deu seu aval às pretensões do trono, como se torna evidente pela absoluta ausência de documentos pontífices que as legitimassem (Vieira, 2021a).

O padroado de 1827 nunca foi retirado, contudo, o que foi institucionalizado pelo imperador não foi aprovado pela Santa Sé. Os pontífices seguiram evitando polêmicas, mas aquele dispositivo logo iria se transformar em um empecilho na solidificação da hierarquia no Brasil. Quando, em 7 de abril de 1831, Dom Pedro I abdicou, seu filho Dom Pedro de Alcântara contava menos de seis anos. De acordo com o art. 121 da Constituição, a menoridade do imperador só se extinguia aos 18 anos completos. Dessa forma, surgiu uma situação em que se esperava uma longa regência, mais longa até do que o tempo que durara o reinado do fundador do Império. "Finalmente, não se demorou tanto o período regencial por ter sido aprovada a maioridade de Dom Pedro II aos 14 anos" (Alencar, 2019, p. 107).

De toda forma, a regência foi longa o suficiente para marcar a história do Brasil como uma fase de intensa instabilidade. Como esclarece Alencar (2019), para muitos, foi a primeira experiência republicana, provadamente um fracasso pela desagregação provocada tanto entre os responsáveis pelo governo do país quanto entre as províncias que conformavam o Império, uma vez que, em várias delas, eclodiram revoltas que chegaram a ameaçar realmente a unidade política brasileira.

A fim de prevenir o perigo da acefalia do Estado e da consequente anarquia, elegeram uma regência trina provisória, que só exerceria o poder até se eleger a permanente. As assembleias constituintes contavam com padres em seus grupos, mas, como vimos, isso não era uma afirmação de que ocorreria um respeito ao pensamento da Igreja. A Igreja teria de enfrentar uma sociedade política altamente voltada para os sedutores caminhos das ideologias modernas antitranscendentais.

Síntese

Neste capítulo, apresentamos o contexto da Independência do Brasil, quando o pensamento liberal alcançava sua maior expansão na Europa. As Américas não poderiam escapar da chegada das ideologias modernas, ou seja, o grande choque entre o Estado moderno e Igreja fiel teria um capítulo de sua história no Brasil.

Vimos que o mundo temporal desenvolveria novas filosofias e ideologias, as quais cunhariam os objetivos sociais de grupos diversos. Entre essas novas forças sociais, temos a figura dos grupos laicos denominados *maçons*, que conectavam os princípios liberais, naturais e iluministas em sua filosofia política. Os maçons tinham a instituição Igreja como principal alvo por ela representar a ideia de religião revelada; por ser uma instituição universal e por representar a tradição e o passado. A tensão dessas chamadas *sociedades secretas* com a hierarquia fiel e ortodoxa foi um dos motores da história da Igreja no Brasil e no mundo. Como vimos, seus efeitos partiram da filosofia de governo de Pombal e adentraram o sistema das elites intelectuais e políticas nacionais durante a independência. O clero não escapou de ter membros envoltos por essas forças.

Explicamos, também, a maneira como o império nasceu, com a coroação e a sagração de Dom Pedro I. Essa cerimônia trouxe elementos simbólicos desvinculados da realidade das tradições ibéricas, o que demonstrava que existiu uma afinidade do imperador com o mundo francês, a lembrança de Napoleão na sagração e na coroação, por exemplo, era um indício do cesarpapismo moderno aflorando no Brasil. O império brasileiro era um espelho dos impérios modernos nos quais a religião era apenas um instrumento do Estado. O absolutismo do padroado é reiterado pela Coroa e pela Corte. O regalismo continuava a dificultar o desenvolvimento do catolicismo no Brasil por muito tempo.

Além disso, apontamos as dificuldades internas que a hierarquia enfrentou com vários membros da Igreja. A questão de o sacerdócio ser uma forma de carreira resultou em um número de clérigos desviados da missão. As correntes galicanistas e jansenistas chegavam ao Brasil em função do liberalismo, do naturalismo e da maçonaria. Alguns bispos chegavam a pronunciar-se contra o papado, admitindo que as ligações com Roma eram uma afronta ao patriotismo. Figuras como Frei Caneca e Diogo Feijó são os exemplos de que a Igreja mantinha, em suas fileiras, membros fora da ortodoxia ou da missão da Igreja. A posição de alto grau de estudo proporcionou aos clérigos um lugar importante no debate político, mas muitos entraram na seara temporal dos governos e esqueceram sua vocação espiritual. Tal fenômeno não foi exclusivo da Igreja no Brasil, mas esteve presente em parte de um grande contexto do século XIX, em que a Igreja, o catolicismo e até a própria ideia de fé foram questionados e massivamente perseguidos.

A hierarquia no Brasil começou a estruturar-se durante o Primeiro Reinado e, no Segundo Reinado, enfrentou a questão religiosa que estudaremos de modo mais detalhado no próximo capítulo.

Atividades de autoavaliação

1. O contexto geral da independência do Brasil foi marcado por qual mudança político-religiosa?
   a) Separação entre Portugal e Brasil.
   b) Separação entre a Coroa e a Corte.
   c) Separação entre o Estado e a Igreja.
   d) Separação entre o Papado e o Episcopado.
   e) Separação entre a Santa Sé e a prelazia do Brasil.

2. Qual ato imperial aponta para uma nova realidade político--simbólica do governo?
   a) Criação de prelazias.
   b) União das religiões pelo padroado.
   c) Inauguração do édito anticesarpapista.
   d) Cerimônia de sagração e coroação.
   e) Supressão da Ordem de Cristo.

3. Qual foi a força laica mais atuante no século XIX na história da Igreja no Brasil?
   a) A jesuítica.
   b) A papista.
   c) A protestante.
   d) A maçônica.
   e) A constitucionalista.

4. Assinale a alternativa que **não** pertence ao pedido de legitimação do padroado do Imperador à Santa Sé:
   a) O direito de indicação de bispados, dos cabidos e de outros benefícios.
   b) O direito ao beneplácito sobre as bulas papais.
   c) O exercício do recurso do clero à Coroa nas questões no foro eclesiástico.

d) O exercício do regime de mão-morta sobre as propriedades da Igreja.

e) A obrigação de não intervir nas ações das missões evangelizadoras.

5. A Constituição do Império trazia dispositivos que demonstravam a tendência de promulgar um controle da Igreja pelo império. Qual dessas disposições provam essa direção da Carta magna?

a) O direito de relação sem intermediários entre os episcopados e Roma.

b) A supressão do beneplácito.

c) A expansão das ordens contemplativas.

d) A exigência de os bispos jurarem à Constituição.

e) A posição do Imperador de nomear bispos.

Atividade de aprendizagem

Questões para reflexão

1. A relação entre o Estado e a Igreja no Brasil do século XIX foi marcada por muitas tensões. Pesquise como é a relação da Igreja no Brasil com os governos atualmente em fontes de pesquisa sérias e reconhecidas. Em seguida, elabore um texto escrito com suas reflexões com base nas semelhanças e nas diferenças encontradas entre os dois momentos.

2. A posição da Igreja como mantenedora do estudo e do ensino fez de seus membros uma parte importante da sociedade política no Brasil, desde a fundação dos governos-gerais no século XVI. Na atualidade, ainda vemos atuações políticas de clérigos que agem de maneira contrária aos ensinamentos da Igreja ou de sua missão? Com base em fontes de pesquisa sérias e reconhecidas, selecione um desses casos e elabore um texto escrito com suas considerações.

Atividade aplicada: prática

1. Pesquise em sua comunidade como os membros entendem a relação entre a Igreja e os grupos laicos ou "sociedades secretas". Procure perceber se existe uma posição positiva ou negativa a respeito dessa relação no imaginário dos membros de sua comunidade e redija um texto com suas considerações.

4
A Questão Religiosa

Neste capítulo, abordaremos a Questão Religiosa, que marcou a vida da Igreja durante o Segundo Reinado e representou um período crítico para a Igreja católica no Brasil. O confronto entre o liberalismo e o deísmo, que cresciam no mundo do século XIX, teve mais um episódio no Brasil.

Apontaremos como o clero local enfrentou os objetivos dessas linhas ideológicas que pretendiam excluir o sagrado da vida pública ou convertê-lo em arma do poder temporal. Analisaremos como a hierarquia conseguiu manter-se fiel à Igreja mesmo tendo uma sociedade que procurava impor o naturalismo e o progresso temporal como única base da sociedade.

Em nossa exposição histórica, apresentaremos o papel dos movimentos laicos, chamados de *sociedades secretas*, que tentaram controlar os bispos e a atividade da Igreja no Brasil. Destacaremos também as figuras de Dom Frei Vital Maria Gonçalves e de Dom Antônio de Macedo Costa, dois bispos que debateram publica e intelectualmente com os representantes dessas sociedades em suas respectivas dioceses, refletindo como a Igreja passou por todos esses problemas com o governo imperial.

4.1 A origem da Questão Religiosa e seu desenvolvimento

A Questão Religiosa é um evento importante na história eclesiástica do catolicismo brasileiro. A série de eventos ocorridos no final do século XIX foi um confronto do corpo dos clérigos católicos com os ideais liberais, naturalistas e maçônicos. Um teatro de intrigas e manipulações criado durante o governo de Dom Pedro II, cujos protagonistas foram os bispos Dom Frei Vital Maria Gonçalves de Oliveira e as sociedades de cunho maçônico. Esse embate pode ser considerado como um exemplo do ambiente de tensão que o catolicismo brasileiro vivenciou durante os anos pós-pombalino e do auge do antijesuitismo.

Em seus últimos anos, o império brasileiro viveu à sombra dessa querela que ocorria em outros locais do mundo ocidental, incluindo Roma, que também presenciou esse ativismo contra a Igreja. O Papa Leão XIII e seus sucessores comentaram a relação belicosa entre a maçonaria e a Igreja em suas encíclicas e cartas pastorais. Entre elas, destacamos a encíclica *Humanum genum*, de 1884, que expõe, de maneira clara, a posição desse grupo laico em relação à Igreja (Leão XIII, 1884).

Como já ressaltamos em outras passagens, os movimentos iluminista, jansenista, galicanista e absolutista estavam espelhados nas ações dessas fraternidades que, no Brasil, são agentes históricos importantes não apenas na formação do clero e da Igreja brasileira, como também com relação à Coroa e ao republicanismo. O regalismo foi um instrumento desvirtuado nesse combate entre o sistema laico de sociedade e a Igreja católica no Brasil.

Em 1872, as tensões que formaram o fenômeno histórico denominado *Questão Religiosa* se agravam em razão da aprovação da Lei do Ventre Livre, alcançada por um esforço da sociedade e da Igreja. Com a promulgação dessa lei, os filhos de escravizados que nascessem a partir daquele ano estariam livres. Comemorando a nova lei, o Padre José Luís Almeida Martins proferiu um discurso, na ordem maçônica do Grande Oriente, exaltando o Visconde do Rio Branco, grão-mestre da maçonaria, pela conquista da inovação jurídica no país. Contudo, o discurso colocava aquele fato como um ganho da maçonaria.

Dom Pedro Maria de Lacerda, bispo do Rio de Janeiro, proferiu uma reclamação, pois, afinal, um ano antes, em um pastoral, havia pedido o apoio para a mudança da lei e, portanto, a desinformação dos maçons sobre a aprovação da lei o fez reagir. A reação teve uma ressonância dentro dos grupos que formavam a sociedade imperial: fraternidades leigas maçônicas, o clero de ideal maçom, o clero fiel à Igreja, as ordens leigas (apresentavam infiltrações da maçonaria) e o Imperador Dom Pedro II.

Em sua reclamação, segundo o Archivio Sgreto Vaticano, citado por Vieira (2021a, p. 349), o bispo afirma: "Lei de tanta de tanta magnitude e tão própria de cristãos e tanto agrado da grande libertadora dos homens, a Igreja católica foi amesquinhada com uma festa maçônica".

Juntamente a esse desabafo, o bispo pediu a retratação de seu clérigo. Padre Almeida Martins, no entanto, não acatou a ordem de seu bispo e, ainda, publicou o discurso no periódico *Jornal do Comércio*. O bispo demonstrou sua irritação ao pedir ao clérigo que abjurasse à maçonaria e, como ele não o fez, foi suspenso.

Como vemos, duas obediências maçônicas agiram juntas na radicalização da ofensiva contra o episcopado e utilizaram dos meios de imprensa para esse ardil, criando uma luta entre as grandes lojas maçônicas do Brasil e a Igreja regular. A hierarquia devota à sua missão foi pejorativamente tachada de ultramontanista e jesuítica. Dois termos que remetem ao pombalismo e aos movimentos antirromanos e iluministas, os quais são convertidos em crimes mentais pelas sociedades laicas, servindo de veneno contra o clero perante o grande público.

Motivados por Joaquim Saldanha Marinho (Ganganelli), abre-se um Manifesto da Maçonaria do Brasil, que defenderia o regalismo, por este ser um instrumento de controle da Igreja católica desde o início do império.

A estratégia anticlerical vista no contexto europeu repete-se no Brasil. O ataque foi frontal e pretendia ridicularizar as doutrinas centrais da Igreja insuflando dúvidas por meio da negação da divindade de Cristo; da incerteza sobre a existência da Santíssima Trindade; da visão da eucaristia como irreal; e, por último, do ataque ao dogma da virgindade de Maria.

Destacamos que os insultos ocorreram de várias formas, inclusive por meio de publicação em diversos jornais. O papado e sua integridade também foram atacados, como aconteceria na Europa durante a Questão Romana (1870-1920), demonstrando que a perseguição ao catolicismo e ao cristianismo estava na pauta dos laicos. Os maçons, inclusive, realizaram uma missa em homenagem ao poder laico das sociedades secretas.

O Bispo Dom Lacerda, diante da provocação dos maçons, proibiu o vigário de realizar a celebração, mas ele o desobedeceu. Essa atitude, de certa forma, possibilita imaginarmos como era difícil a manutenção de uma hierarquia fora dos efeitos das fraternidades maçônicas.

As provocações iriam, depois, em direção à personalidade dos bispos buscando afrontar sua coragem perante as autoridades: "tenha a necessária coragem e dê execução às bulas sem beneplácito, que expulsam os maçons do seio da Igreja" (Guerra, citado por Vieira, 2021a, p. 352).

Como o Brasil estava sob o regime regalista, as bulas, desde Pombal, necessitavam do consentimento do imperador para serem efetivadas, o que é teórico, pois o poder espiritual não precisa do temporal para concretizar sua missão. Contudo, a questão era mais de incitar o Estado contra a Igreja por meio da legislação da época.

Em 1872, o bispo de Belém, Dom Antônio de Macedo Costa, tentou alertar o Imperador Dom Pedro II sobre os perigos da maçonaria para a Igreja. A reação do imperador foi a de manter a ideia de que a maçonaria no Brasil não tinha ligação com atitudes contra a religião. Dom Antônio afirmou que a maçonaria brasileira tinha como livro básico e ritual o *Guia da maçonaria brasileira e portuguesa*, de 1833, que postulava elementos contrários à fé da Igreja. A resposta imperial foi que os prelados se defendessem pela discussão. A crise vista em Belém ganhou força na cidade de Recife, tomada, na época, por uma oligarquia impregnada pelo ideal laico dos maçons, que controlava o poder político-jurídico. Mesmo com um número pequeno de maçons em relação à população, o povo não tinha como enfrentar o controle estratificado do Poder Público pelas seitas secretas.

Outro fato para entendermos o ambiente do confronto é a situação legislativa, em que o juiz de capelas – cuja função era conhecer os testamentos, pedir conta aos testamenteiros e outros tipos de obrigações ligadas à administração de capelas, morgados, hospitais, albergarias e confrarias – tentava assumir as funções episcopais de controle. Além disso, os maçons infiltrados estavam na liderança das irmandades. E faziam todo o tipo de ardil para os sacramentos e ritos serem prejudicados.

Essa situação, entretanto, não passou desapercebida por Dom Vital. Ele foi tachado, de maneira pejorativa, ainda antes de assumir a sede episcopal em Pernambuco, de jesuíta ultramontano e homem perigoso. O novo bispo assumiu em 1872 e conseguiu, com medidas administrativas, retirar os infiltrados e formar uma diocese com presbíteros fiéis. Apenas um mês depois de sua chegada, a maçonaria reiniciou seu assédio ao bispo. Os ataques continuaram no mesmo tom. O bispo vetou até as missas pelas almas dos maçons e pediu atos reparatórios contra as difamações feitas à Nossa Senhora pela imprensa afiliada às fraternidades. Atos tão meticulosamente belos, que a maçonaria se enfureceu com aquela demonstração pública de catolicismo.

A crítica de Dom Vital tocou no ponto nevrálgico dessa sociedade, acostumada a não ser questionada, produzindo novas provocações. O esplendor dos atos reparatórios irritou a seita anticatólica. O bispo chamou os padres maçons um a um e pediu a abjuração deles. Todos aceitaram o pedido e publicaram na imprensa suas escolhas. O bispo fez a mesma proposta aos membros das irmandades que estavam afiliados à maçonaria.

Observamos, assim, como o clero ficou entre a obediência ao regalismo desvirtuado pelo absolutismo iluminista, que criava uma barreira para a efetivação das bulas antimaçônicas, e a obediência ao magistério da Igreja.

Dom Vital sempre escolheu seguir as objeções papais e, enfrentando a questão da servidão do consentimento imperial, inqueriu várias figuras importantes da sociedade que participavam das irmandades e tinham vínculo com a maçonaria a abjurarem dela. Uma circular com a mesma ordem foi enviada para várias freguesias, com a mesma indicação a ser feita para maçons conhecidos. A irmandade do Santíssimo Sacramento não aceitou cumprir o pedido alegando que não iria expelir qualquer irmão em virtude desse fundamento.

Galdino Alves Ferreira, juiz dessa irmandade, respondeu à carta episcopal de modo ambíguo. Dom Vital enviou um interdito à irmandade em 1873. No mesmo ano, lançou uma nova pastoral, pública e de linguagem clara, condenando a propaganda anticatólica da imprensa maçônica, criticando abertamente o aparato regalista, uma novidade para a época. Dizia ele: "O beneplácito imperial é o principal reduto onde se acastelam os pedreiros livres" (Vital, citado por Vieira, 2021a, p. 358).

O bispo também proibiu os fiéis de lerem os jornas dessas sociedades secretas, condenadas por vários papas.

Outra medida importante foi a ação de pedir, aos curas de almas, a realização de missas pela conversão dos rebeldes das irmandades. Assim, tornava público, de maneira cautelosa, o aviso para os fiéis não se deixarem iludir por aqueles membros das irmandades que não estavam de acordo com doutrina da Igreja. No entanto, entre as irmandades advertidas, somente duas se submeteram, mostrando a dificuldade que existia dentro do próprio corpo da Igreja para combater as forças laicas anticatólicas. Utilizando a mesma arma dos grupos contrários ao catolicismo, Dom Vital imprimiu muitos escritos explicando sua posição e tentando instruir os mais humildes. Essas ações resultaram na propagação de difamações sobre o bispo.

Uma rede intrigas se formou e falsos escândalos foram forjados e transformados em desinformação pelos membros das sociedades maçônicas, inclusive uma vida amorosa criada para o bispo pelas penas dos difamadores. As interdições, como na Santa Casa, criaram irritação em maçons célebres. A punição retirava das agremiações o direito de apresentar-se como associações católicas, de usar hábitos religiosos, de receber novos membros e, além de todas as capelas da associação terem sido interditadas, os penalizados ficavam excluídos da comunhão, sem poder ser padrinhos, casar ou receber sepultura católica. Essas interdições repercutiram pelo país inteiro.

Os maçons no Recife enviaram uma representação ao Poder Legislativo juntamente a um documento reafirmando as teses regalistas e relembrando os típicos preconceitos contra os jesuítas. O art. 102 da Constituição política do Império era relembrado no documento: "visto como está o bispo desta diocese executando bulas que não tiveram a imperial sanção" (Almeida; Melo, citados por Vieira, 2021a, p. 360).

A instrumentalização do aparato burocrático era a forma preferida dos poderes laicos agirem para desmontar a Igreja nos séculos XIX e XX. Os solicitantes maçons levaram até o presidente da província de Pernambuco a representação contra o prelado. O recurso à Coroa foi admitido desde que as irmandades fossem o direto interessado, não os políticos. Como se tratava de abuso atribuído à autoridade eclesiástica, que fosse dirigido preferencialmente ao arcebispo primaz ou ao papa. Nenhuma das formalidades mínimas foi seguida.

Como explica Vieira (2021a, p. 361), "o documento foi acolhido, o qual poderia ser definido como uma súmula da ideóloga maçônica-regalista". As irregularidades da impetração foram acobertadas até pelo ministro do império. Ao chegar ao conselho de Estado, constatou-se a gravidade da questão, ou seja, o conflito entre o clero e o governo era inevitável.

Os membros do governo tentaram dissuadir o bispo a não continuar, porém ele manteve suas convicções. A resposta gerou surpresa no império, uma vez que o habitual eram bispos mansos, pacíficos e submissos, algo que Dom Vital não era em relação a esse caso. O documento seguiu a ordem burocrática e chegou ao procurador da Coroa, que afirmou que a autoridade competente para o caso das irmandades era ao juiz de capela, desprezando o fato de as irmandades estarem ligadas ao culto católico. Afirmou-se, na ocasião, que não era de alçada do prelado de Olinda se pronunciar a respeito, pois a maçonaria era uma sociedade permitida e tolerada pelas leis brasileiras.

Dom Vital foi colocado como alguém que invadiu atribuições que não eram suas (ardil comum dos grupos anticatólicos), e o recurso foi encaminhado ao ministro do império. Durante esse trâmite, todos os demais prelados, menos dois, escreveram ao bispo de Olinda, apoiando seus atos. Outras lojas receberam manifestos de censura pessoal às lojas maçônicas. Outros prelados seguiram o exemplo. O alargamento da contenda fez Saldanha Marinho criticar a ação colocando: "que a igreja do Brasil estava sendo romanizada e que os bispos assumiam assim uma atitude antipatriótica" (Vieira, 2021a, p. 364).

Quando sua acusação de maçom se tornou pública, Joaquim Francisco Faria, deão, membro da maçonaria e chefe do diretório do Partido Liberal, utilizou-se de seu poder social para não responder à interpelação episcopal. Mesmo assim, Dom Vital o suspendeu, sob a acusação de não ter licença papal para residir fora da Sé. A notícia logo se espalhou em Recife (Rubert, citado por Vieira, 2021a, p. 364).

A polêmica na imprensa transformou-se em tumultos públicos. Uma turba incitada pela parte do deão junta-se na frente da casa dele e parte em fúria contra o colégio jesuíta de São Francisco Xavier. Ao chegar lá, destroem e profanam o lugar, assassinando o Padre Virgil, acamado naquele momento. O jornal católico *A união* também sofreu depredações. Decididos, vão até o palácio episcopal. Dom Vital os aguardava na sacada em seu posto de bispo, entretanto não invadiram o lugar. Durante a fala de José Mariano, jornalista e político, ocorreu a intervenção do governo e a manifestação foi dispersada. A ação foi apenas para questão de ordem pública, não ocorreu uma punição real aos envolvidos.

Dom vital não se amedrontou e redigiu uma carta pastoral mostrando que existia uma mão misteriosa tentando aniquilar a autoridade.

Em Belém do Pará, ocorreu o mesmo problema quando o jornal *O pelicano* desferiu ataques à Igreja acusando-a de ensinar um cristianismo falso. Em 1873, Dom Antônio reagiu e escreveu uma carta pastoral detalhada, intitulada *Instrução pastoral sobre a maçonaria*, em que abordava a atuação dessa ordem no Brasil sob aspectos moral, religioso e social, juntamente à proibição da leitura do jornal. Também o bispo de Belém recorreu ao único instrumento que tinha: ordenar o desligamento dos maçons nas confrarias e irmandades. A punição em Belém foi menos rígida do que as do Recife, contudo as irmandades penalizadas impetraram recurso contra as decisões de Dom Antônio de Macedo Costa.

Dom Antônio apelou diretamente ao imperador, expondo que não houve usurpação de jurisdição e poder temporal, considerando que as confrarias haviam sido suspensas somente de suas funções religiosas. O bispo pedia o tratamento semelhante ao dado aos maçons, que, quando excomungavam um membro, este não podia recorrer ao governo. Dom Pedro II não respondeu, e Dom Antônio teve de dar satisfação ao presidente da província do Pará. A resposta do bispo continuou sendo a de que o assunto não era de competência do governo, pois era uma punição que se resumia à parte religiosa.

Dom Antônio e Dom Vital acabaram com a tolerância secular para com as sociedades secretas por parte de um episcopado em sua maior parte regalista, ou submisso ao sistema, que o primeiro núncio classificou de cismático, como foi o caso de Padre Feijó, o qual tentou criar uma igreja nacional.

Durante todo o período imperial, a Igreja no Brasil esteve ameaçada de cisma, haja vista as tendências liberais de Dom Pedro I que se revelaram mais fortes em Portugal, onde assumiu como Dom Pedro IV, do que eram no Brasil, e Dom Pedro II, muito influenciado por autores liberais e pelos maçons que lhe circundavam.

Essa tendência, provavelmente, teria sido invertida caso o reinado fosse de Dona Isabel. Acusada de ultramontana – nome que designava, na França, os católicos mais fiéis ao papado, cuja sede está em Roma, do outro lado dos Alpes – e em união com o Papa Leão XIII, com quem se correspondia, ela garantiu a abolição da escravidão durante seu período como regente, sem esperar as vacilações de seu pai a respeito de um assunto que, para ela, era de consciência.

Ambos os bispos acabaram aprisionados. Como advogados dos bispos, atuaram os senadores Zacarias Góis de Vasconcelos e Cândido Mendes de Almeida. De toda forma, com o governo e o Judiciário controlando a maçonaria – e contando ainda, nesse caso, com a perceptível aprovação do imperador –, não se esperava outro resultado senão a condenação. O Judiciário já havia dado razão ao governo e se esperava que Dom Pedro II anistiasse os bispos, mas o imperador se limitou a comutar a prisão com trabalhos em prisão simples. Em 1875, o próprio Papa Pio IX afirmou a Dom Pedro II que os bispos se conduziram perfeitamente bem, de conformidade com as leis canônicas. Como, todavia, as leis civis não se acordam com as leis canônicas, não poderia deixar de surgir um conflito.

A população aproximou-se muito da figura dos bispos encarcerados. Autores, como Machado de Assis, os elogiaram pela sua determinação. Com a condenação e a prisão dos bispos de Olinda e do Pará, suas dioceses passaram a ser governadas por delegados dos bispos, dos quais o governo exigiu que levantassem os interditos. Como se negaram a obedecer ao governo, foram também processados e presos. O governo deixou de pagar a côngrua, que era o sustento dos sacerdotes, e o seminário precisou ser fechado. Os novos substitutos dos bispos não fizeram diferente de seus antecessores.

Permaneceram em vigor as penas espirituais aplicadas por Dom Vital e Dom Macedo Costa. O conflito com o governo agravava-se cada vez mais, ocasionando uma crise que foi fundamental para o desprestígio da monarquia em sua fase final, facilmente abatida pelo golpe militar que ocorreu 15 anos depois. A situação insustentável do governo, atrapalhado também por uma crise econômica considerável, levou à queda do mais longo ministério do império, em 25 de junho de 1875. Com a saída do maçônico Visconde do Rio Branco e a próxima viagem do imperador já marcada, havia possibilidade de a Questão Religiosa evoluir para algo maior e definitivo.

Como nos conta Alencar (2019, p. 43),

> o imperador necessitava de um homem de prestígio para assumir o governo nesse momento delicado e apelou para o Duque de Caxias. Ele, entre seus ofícios, contava o de haver sido provedor de uma irmandade, a Imperial Irmandade da Santa Cruz dos Militares, e exigiu do imperador a anistia aos bispos como condição para aceitar o convite.

A anistia foi assinada em 1875. Dom Vital partiu para Roma, onde foi recebido com a maior deferência e carinho pelo Papa Pio IX. Por sua vez, o secretário de Estado, Cardeal Antonelli, não o tratou com a mesma gratidão, ao contrário, "comunicou-lhe ter dado ordem para o levantamento dos interditos, sem esperar condições" (Lacombe, 1989, p. 129).

Dom Vital retornou ao Recife em 1876 sob homenagens do povo, participando até de um desfile das associações religiosas. Em sua sede, buscou recompor as instituições fechadas, especialmente o seminário. As enfermidades que o acompanhavam desde criança tornaram-se mais graves, debilitando sua saúde. Em 1878, faleceu sob a suspeita de envenenamento, mas ficou sendo um mártir da Igreja contra o regalismo e as fraternidades anticristãs dos séculos XIX e XX.

Dom Antônio de Macedo Costa, por sua vez, teve destaque na resolução da questão sobre a procissão do Círio de Nazaré e na regulamentação das irmandades. Sua vida foi marcada por sua profunda preocupação pela evangelização da Amazônia e do Brasil e esteve repleta de surpresas e tensões. No fim da vida, porém, foi consolado por honrarias inesperadas: recebeu o título de conde, da Santa Sé, e o império lhe concedeu o título de Conde de Belém, embora jamais tenha usado o título, nem sequer registrado a patente correspondente.

Em 1888, foi o orador da cerimônia de entrega da Rosa de Ouro que o Papa Leão XIII conferiu à Princesa Isabel, por sua participação no fim da escravatura no Brasil, que teve, na figura do Papa Leão XIII, um dos agentes mais importantes junto de Dona Isabel. Dom Antônio continuaria a ser uma personalidade importante na sociedade no início da República.

Entretanto, na historiografia, permanece um discurso que minimizava a influência religiosa no processo de abolição da escravidão, alegando que ele foi a exigência do sistema de produção (Costa, 2010) naquele recorte histórico. Essa visão seria fruto de uma perspectiva econômica de história, a qual, muitas vezes, não pondera o fator transcendental em sua análise dos casos históricos. Por isso, trouxemos a maneira que o pensamento católico trabalhou na concretização da abolição da escravidão para que não fiquemos limitados somente à visão econômica do fato.

4.2 O Papa Leão XIII e a abolição da escravidão no Brasil

O Papa Leão XIII e a figura da Princesa Isabel foram importantes para o fim definitivo da escravidão no Brasil. O Papa Leão XIII explicou a doutrina da Igreja a respeito das relações entre Igreja e Estado na encíclica *Immortale Dei* (Leão XIII, 1885). O magistério desse papa teve especial impacto no Brasil, onde formou a geração de clérigos e leigos que, do fim do século XIX a meados do século XX, renovou o catolicismo brasileiro.

Esse papa teve papel fundamental no fim da escravidão no Brasil por meio de suas manifestações públicas para as autoridades políticas, como a Princesa Isabel. Alencar (2019) explica que, se houvesse existido um terceiro reinado, com Dona Isabel, seus ensinamentos teriam sido a base do governo, como o foram em sua regência, na qual se efetivou a abolição da escravatura, feito baseado no pensamento católico e ligado ao pontificado de Leão XIII.

Na referida encíclica, o papa resume os principais pontos da filosofia política clássica e escolástica recomendada pela Igreja e explica, com base também na teologia, como o católico deve considerar o Estado e seus deveres perante a religião. O Papa Leão XIII destaca que a soberania, necessária à vida em sociedade, não se liga necessariamente a um tipo de regime – nem à monarquia nem à democracia –, de modo que todos podem ser justos se estão conformes ao bem comum (Leão XIII, 1885).

Afastando o perigo do laicismo e do agnosticismo oficial, Leão XIII explica as obrigações das sociedades e dos Estados em matéria de religião, considerando que os entes coletivos se pronunciam por meio de seus órgãos de governo e soberania (Leão XIII, 1885).

O referido papa também influenciou nomes da cultura, como Joaquim Nabuco, um caso curioso pelo fato de ser abolicionista, mas, publicamente, contra a Igreja. Em um diálogo de Nabuco com o papa, este afirma que "a escravidão estava condenada pela Igreja e já devia, há muito tempo, ter acabado. O homem não pode ser escravo do homem. Todos são igualmente filhos de Deus" (Nabuco, 1998, p. 214).

Transcrevemos, a seguir, o diálogo de Nabuco com o Papa Leão XIII na íntegra para entendermos como a Igreja apoiava a abolição:

> Roma estava repleta de peregrinos por causa do jubileu, no Vaticano o trabalho era enorme; apesar disso, consegui abrir caminho até o Santo Padre. Em 16 de janeiro eu apresentava o meu memorial ao cardeal Rampolla. [...] Em 10 de fevereiro seguinte, Sua Santidade concedia-me uma audiência particular. Dei conta dela no mesmo dia, escrevendo para O País [...]. "Tive hoje a honra de ser recebido em audiência particular pelo papa, e como essa audiência me foi concedida com relação ao assunto político que me fez vir a Roma, não devo demorar a reconstrução da conversa que tive com Sua Santidade e que eu trouxe do Vaticano taquigrafada, fotografada na memória. [...]". Sua Santidade respondeu-me: "Ce que vous avez à coeur, l'Eglise aussi l'a à coeur. A escravidão está condenada pela Igreja e já devia há muito tempo ter acabado. O homem não pode ser escravo do homem. Todos são igualmente filhos de Deus, des enfants de Dieu. Senti-me vivamente tocado pela ação dos bispos, que aprovo completamente, por terem de acordo com os católicos do Brasil escolhido o meu jubileu sacerdotal para essa grande iniciativa. É preciso agora aproveitar a iniciativa dos bispos para apressar a emancipação. Vou falar nesse sentido. Se a encíclica aparecerá no mês que vem ou depois de Páscoa, não posso ainda dizer...". "O que nós quiséramos", observei, "era que Vossa Santidade falasse de modo que a sua voz chegasse ao Brasil antes da abertura do Parlamento, que tem lugar em maio. A palavra de Vossa Santidade exerceria a maior influência no ânimo do governo e da pequena parte do país que não quer ainda acompanhar o movimento nacional. Nós esperamos que Vossa Santidade diga uma palavra que prenda a consciência de todos os verdadeiros católicos". "Ce mot je le dirai, vous pouvez en être sûr" – respondeu-me o papa – "e, quando o papa tiver falado, todos os católicos terão que obedecer". Estas últimas palavras o papa mais repetiu duas ou três vezes, sempre na forma impessoal; não "quando eu tiver falado", mas sempre "quando o papa tiver falado". [...] O Papa

> ouviu-me todo o tempo com a maior simpatia e justificou-me de ter pedido mais que o cardeal Manning julgara razoável que eu pedisse. Sua Eminência, com efeito, aconselhou-me a pedir ao papa a repromulgação das bulas de alguns dos seus antecessores e eu pedi um ato "pessoal" de Leão XIII – "As circunstâncias mudam", disse-me o papa, "os tempos não são os mesmos; quando essas bulas foram publicadas, a escravidão era forte no mundo, hoje ela está felizmente acabada". [...] Aí está mais ou menos reproduzida a longa audiência particular que Leão XIII me fez a excelsa honra de conceder-me, e que Sua Santidade terminou com uma bênção especial para a causa dos escravos. (Nabuco, 1998, p. 214-224)

A escravidão no Brasil termina juntamente à estrutura imperial. A hierarquia da Igreja nacional acompanhou e participou desses eventos por meio de um trabalho intelectual que nunca se desprendeu da evangelização. Os grandes temas daquele recorte foram acompanhados pelos clérigos não para obter ganhos pessoais ou fama, mas as lutas que enfrentaram contra os grupos laicos foram vislumbrando evitar a perdição das almas. O Brasil do fim do Império foi um palco dos embates entre as forças temporais contrárias ao espiritual e os grupos fiéis à doutrina da Igreja católica.

4.3 O papel da irmandade de leigos no catolicismo brasileiro

O advento da República trouxe uma esperança de melhoras à Igreja: o fim do padroado, libertando-a da maçonaria. Contudo, ocorreu o fim de seu reconhecimento público. Por isso, ela foi expulsa das escolas e dos quartéis. Também chega ao Brasil a separação do Estado e da Igreja, que evoluía no mundo ao lado do republicanismo, o qual era baseado em um positivismo ideológico. A separação trouxe desafios ao clero, mas serviu para dar autonomia e expurgar os membros que estavam ali somente para ter uma carreira.

O novo regime de Estado ignorou a religião e, seguindo os dogmas da ideologia positivista, que passou a orientar a vida pública, tratou de diminuir a presença católica nos espaços oficiais. Expandiu-se o protestantismo, com afluxo de propagandistas vindos dos Estados Unidos, bem como o espiritismo, em suas diversas vertentes. Diante dessa realidade, os católicos se organizaram em movimentos de renovação do laicato; assim, acompanhando a renovação autorizada pelo governo do clero, prepararam forças para uma nova evangelização do Brasil.

O Estado brasileiro pode ser classificado na República como agnóstico. A opção dos novos governantes em espelhar-se ao modelo norte-americano, ou seja, um modelo liberal e neutro em questões religiosas, retirou o reconhecimento de sua natureza divina, mas, como sociedade civil, poderia realizar suas atividades.

A Igreja perdeu a administração das escolas públicas, dos cemitérios e dos quartéis e ganhou a liberdade total de indicar seus bispos e ter comunicação direta com o papado.

A vida religiosa na República ganhou um novo fôlego no Brasil a partir da chegada de diversos religiosos estrangeiros, especialmente da Alemanha, que vinham fugidos da perseguição religiosa instaurada pelo governo liberal do chanceler Otto von Bismarck, por meio do *kulturkampf*, termo alemão que significa "guerra pela cultura".

Nessa atmosfera de reconhecimento e tolerância, outras religiões começaram a ter espaço na imprensa e na vida públicas, como a espírita, as batistas e as várias vertentes denominadas *protestantes*. O povo, apesar da catequização muito precária, manteve-se majoritariamente católico, mas, nos centros urbanos, os grupos religiosos que se apresentavam como modernos e vindos da França ou dos Estados Unidos exerceram alguma fascinação.

Em 1890, Dom Antônio, antigo perseguido pela maçonaria, preside a primeira reunião dos bispos brasileiros. Figura importante da sociedade naquele momento, o fato de ter sido professor de Rui Barbosa o auxiliou no objetivo de proteger a missão da Igreja durante os debates da Constituição de 1891. Em razão do aumento das dioceses e das paróquias, o clero passa a pensar em se organizar de maneira mais sistemática para encarar a realidade da República, que trouxe um ponto positivo para a hierarquia, e as reuniões dos bispos puderam acontecer com mais frequência, sem a participação de governantes. A ação prática dessas reuniões foi a elaboração da pastoral coletiva de 1890, a primeira resposta dos bispos brasileiros à novidade da separação entre Igreja e Estado, sistema de fundo revolucionário e laicista.

O que os republicanos impuseram não foi a necessária distinção entre os âmbitos da Igreja e do Estado que se vinha desrespeitando ao longo do império, com prejuízos notáveis para a liberdade da Igreja. Eles defendiam a separação total e completa, ignorando não apenas os direitos da Igreja, mas também a própria história e constituição profunda do Brasil.

Cria-se o regime de concordata: preserva o Estado e a Igreja em seus direitos e liberdades próprias, sem ameaçar o governo civil com um controle eclesiástico – no qual clérigos, indevidamente, tomam decisões políticas em matérias puramente temporais –, nem permitir que o Estado intervenha no campo próprio da Igreja, seja pretendendo substituí-la, seja ignorando-a, o que foi bastante mais comum no decorrer da história.

A renovação da Igreja no Brasil, nas primeiras décadas da República, fez-se notar, sobretudo, pelo melhoramento da formação do clero e dos leigos. Ainda era reduzido o número de sacerdotes diocesanos e religiosos, mesmo com a vinda de religiosos estrangeiros e a abertura de novos seminários, entretanto, tanto os religiosos que vinham da Europa quanto os seminários que se abriam pautavam-se em um grande cuidado na formação teológica e espiritual, de modo que, nesse momento, preparou-se uma das melhores gerações do clero católico brasileiro, como foi possível verificar nas décadas seguintes.

Contudo, a falta de sacerdotes gerou anomalias como igrejas sem vigários, por isso a figura do missionário era estimulada pelos bispos, ocasionando a vinda de muitos clérigos estrangeiros. Sem o padroado, as recomendações do Concílio de Trento, do século XVI, puderam começar a ser instauradas no Brasil do século XIX, porque a administração de Pombal vetou tudo que estivesse ligado ao Concílio de Trento, por ele ser, na opinião do ministro, ligado ao pensamento jesuítico.

A vigilância sobre o acesso às ordens sacras aumentou e a falta de recursos estatais eliminou os aventureiros do sacerdócio. Essa mudança econômica fez da classe média da época o grande auxiliador da Igreja. Os leigos, no início da República, não representavam uma força expressiva, e as irmandades, poderosas pelos seus membros e patrimônios, não representavam um pensamento católico, nem uma voz ativa no debate público em prol da Igreja, como já afirmamos. Essa situação agrava-se em virtude do número elevado de maçons em seus quadros de membros, sem a menor prática de formação teológica em seu corpo.

O quadro era de ignorância religiosa generalizada e de falta de dirigentes. O positivismo tomava as universidades, as forças armadas e a elite brasileira. O cientificismo e o agnosticismo tomavam o Brasil, e a sociedade respeitava a Igreja por tradição e prática social. Os leigos, nesse ambiente, não eram uma força que ordenasse a vida nacional para o catolicismo.

Essa situação começou a mudar quando novas formas de associação e de apostolado foram introduzidas, revitalizando a evangelização. Surgiram os círculos católicos, as congregações marianas, as conferências vicentinas, a liga da boa imprensa, o apostolado da oração. O retorno das antigas ordens religiosas catapultou as ordens terceiras e as novas congregações envolviam os leigos.

A partir desse momento, a vida laical no Brasil ganhou um dinamismo que só feneceu a partir dos anos de 1960. Organizaram-se federações das associações laicais e grandes multidões se reuniam em congressos católicos de nível nacional e regional. A Igreja no Brasil passou a ter uma nova estrutura administrativa e financeira. Novos apostolados foram criados, e a catequese recebeu uma vida nova. Para vivificar a atividade da Igreja no Brasil dentro da nova fase que se abria para a evangelização, foram adotadas diversas iniciativas que já tinham dado bons resultados em outros países, como os tradicionais retiros espirituais e as missões populares.

A Igreja empenhou-se especialmente na formação de escolas privadas, considerando as restrições que a Constituição de 1891 impôs à presença católica – particularmente ao ensino religioso – nas escolas públicas. Entre as escolas católicas, algumas eram pagas, outras gratuitas, conforme a capacidade de sustento de cada instituição.

A Igreja amplia na República seu papel nos debates políticos e sociais, e, assim, leigos, sacerdotes e religiosos trabalharam para aumentar a presença do cristianismo na vida social. Desde o século XIX, houve discussões, entre os católicos brasileiros sobre a possibilidade e a conveniência de formar um partido católico que servisse para defender as causas católicas no parlamento, mas a ideia não foi adiante.

O desenvolvimento que alcançou o catolicismo no Brasil ficou patente quando, em 1939, foi celebrado o Concílio Plenário Brasileiro. O desenvolvimento da Ação Católica ocorreu em um momento em que os leigos, inscritos ou não nela, tomaram para si de modo mais consciente a tarefa do apostolado. A presença marcante da Igreja no cenário nacional não deixou de impressionar o novo governo instalado com o levante de 1930. A coroação de Nossa Senhora Aparecida como rainha e padroeira do Brasil e a inauguração da estátua do Cristo Redentor no Corcovado, Rio de Janeiro, com a consagração solene do Brasil ao Sagrado Coração, foram momentos que mostraram a força do catolicismo no país, reunindo multidões ao redor dos bispos, na presença – em ambos os casos – do presidente e de seus ministros.

As irmandades foram basilares para a hierarquia finalmente conseguir realizar atividades concretas e livres de amarras estatais. Como a ligação da Igreja com a monarquia havia sido desfeita durante a infiltração iluminista no século XVIII, o fim da relação com Estado pode ter dificultado o angariamento de recursos, mas a missão real da Igreja pode ser plena no Brasil.

O clero sempre se esforçou para educar os leigos, mesmo tendo tantas barreiras laicas. A realidade, porém, sempre foi difícil para que cada pároco ou representante da hierarquia conseguisse entender a variedade de diferenças entre as populações do Brasil.

Em um país agrário, como era o Brasil, recém-saído do império, a fé popular era complexa e, muitas vezes, órfã de uma assistência de um clérigo regular. O catolicismo popular desses campesinos tinha uma vivência religiosa que criava um zelo pelos rezadores locais. Desse fato, temos a tendência da hierarquia de rejeitar os movimentos independentes da mediação eclesiástica, postura comum, afinal, qualquer movimento teria de ser bem analisado para confirmar sua validade na fé católica. A validade também passava pela confirmação de não ser mais um movimento político fantasiado de fé popular.

Em Canudos (1896-1897), houve o encontro de dois agentes históricos: de um lado, a fé popular afetada pelos problemas superiores, os quais criavam vazios de assistência espiritual no mundo camponês; de outro, o Estado agnóstico republicano, construído de forma artificial para substituir o império.

O fato de ser um movimento atrelado a uma religiosidade popular o torna ímpar na história da Igreja no Brasil, apesar de não ter sido uma ação de emancipação ou tentativa de separação do governo recém-criado. Como vimos, existia um problema de bloqueio estatal que impedia o desarrolhar da religião: infiltrações laicas, padroado, regalismo etc. Todas essas barreiras criavam o espaço na religiosidade popular para que figuras de monges e beatos fossem a única fonte de aproximação dos católicos a algo parecido com um clérigo regular.

As revoltas populares, no Brasil, ganharam o nome de *guerras*. Canudos recebeu essa alcunha mesmo não sendo nenhum movimento separatista ou tentativa de retorno monárquico. A figura de Antônio Conselheiro é similar a de outros indivíduos errantes que atraem multidões para rezar ou ouvir citações bíblicas conhecidas. O caso de Canudos é mais latente pelo fato de ocorrer quando a República se estabelece. Temos, nesse recorte, uma quebra de mentalidade: o fim do monarca é sentido pela população, mais do que pelas elites, a República causa mudanças nas relações sociais e o novo regime, inclusive, confisca bens. A posição agnóstica e laica da República impõe, de acerto modo, a visão política a qualquer manifestação popular.

Os padres tinham de observar o movimento para ter certeza do que se tratava. As pregações que chegaram até nós são cópias de rascunhos feitos dos documentos de um livreto que Conselheiro trazia consigo durante toda a existência do arraial (Nogueira, 1978). Neles, havia textos que tratavam de elementos da devoção popular: as dores de Maria, reflexões sobre os mandamentos e a paixão de Cristo.

Como descreve Nogueira (1978, p. 175), "Antônio Conselheiro o apresentava em suas explicações sobre sacramentos: a missa, as confissões. Quando falava da República, contava ao povo os problemas que aquelas novidades carregavam". Os pregadores itinerantes, como

Antônio Vicente Mendes – o Antônio Conselheiro –, discursavam de maneira mística, conclamando os sertanejos à conversão.

Demorou dois anos para que as autoridades de Itapicuru, na Bahia, se movimentassem contra o pregador. A prisão de Antônio Conselheiro não durou muito, e o retorno à sua vida de monge foi imediato. Após os conflitos em Masseté, acabou chegando a Canudos por volta de 1893. Segundo Vieira (2021b, p. 78), "o problema surgiu porque seus habitantes não aceitavam certas novidades republicanas, tais como o casamento civil, a liberdade de culto e a laicização do Estado". Suas falas criavam uma animosidade entre os ouvintes do arraial e as missões oficiais da Igreja.

Os membros da Igreja sabiam que Antônio Conselheiro não fundou uma seita, não fazia milagres, não contestava a moral e a doutrina católica, não era curandeiro, não se dizia enviado de Deus e, muito menos, usurpava atividades sacerdotais. Dom Luís, na circular de 1882, afirmou: "visto como, competência na Igreja Católica, somente os ministros da religião a missão santa de doutrinar os povos, um secular, mesmo bem instruído e virtuosos, não pode exercer a autoridade de um sacerdote" (Nogueira, 1978, p. 9).

Defendemos a posição de Dom Luís como correta, tendo em vista os problemas de protestantismo, jansenismo e galicanismo que a Igreja enfrentara há alguns anos.

O contexto fez fracassar as missões de aproximação da Igreja ao arraial em 1895. Geralmente, essas expedições tentavam fazer os habitantes retornarem para seus lares originais. Obviamente, nem sempre conseguiam; durante uma expedição, um capuchinho deixou escapar "que, no tempo da monarquia, deixaria prender-se, porque reconhecia o governo, mas, naquele momento, não, porque não reconhecia o governo" (Nogueira, 1978, p. 45).

A afirmação entrou no relatório de Frei João Evangelista do Monte Marciano ao arcebispo da Bahia. O documento percorreu a arquidiocese de Salvador até chegar à Santa Sé. A descrição da realidade de Canudos foi entendida como apenas um movimento sedicioso, impulsionado por fanáticos, dotados de uma religiosidade primitiva, e essa foi a versão distribuída na Cúria romana. O parecer do capuchinho, no entanto, não ficou no âmbito eclesiástico, foi utilizado pelo presidente da Bahia, Luiz Viana, para justificar as medidas extremas usadas contra aqueles habitantes de Canudos. A possibilidade de uma solução pacífica, como queria a Igreja, perdeu-se pela antiga proximidade dos grupos internos aos ideais republicanos.

Os membros de Canudos conheciam a mentalidade monárquica, por isso falavam e comportavam-se dentro dessa condição de vida. Por essa razão, pareciam querer o retorno da monarquia, mas estavam apenas vivendo sua realidade mental e cultural. A Igreja não pode conhecer a fundo a situação do chamado *Arraial de Canudos*. As críticas duras que o movimento recebeu de Dom Joaquim Arcoverde de Albuquerque Cavalcanti foram fruto de um clero que estava embrutecido pelos anos de combates contra outras manifestações que minavam a evangelização. O bispo dizia: "isso não está nem pode estar de acordo com os ensinamentos da teologia católica" (Vieira, 2021b, p. 79).

Canudos não foi entendido nem pela Igreja nem pelo Estado. O problema é que o último fez o que gostaria de fazer com todos os que se aproximassem de uma religião revelada: eliminar pelas armas.

No interior do Paraná e de Santa Catarina, houve um fenômeno análogo, o Contestado. Sua história começou com um monge que viveu o contexto do catolicismo rústico e distribuía orações aos devotos, receitava chás miraculosos, benzia plantas e plantações e até batizava crianças.

Paralelamente ao surgimento dessa figura, temos a construção da estrada de ferro São Paulo-Rio Grande, no começo do século XX. A empresa do grupo norte-americano Brazil Railway recebeu os direitos de construção e expropriou as terras dos habitantes de seus imóveis. Mais tarde, dispensou, pelo menos, oito mil homens quando a estrada chegou à cidade de União da Vitória, no Paraná. A maioria deles era de trabalhadores migrados de outras partes do país, os quais foram abandonados na região depois da dispensa. A junção dos "sem-terra" e dos empregados abandonados fez surgir alguns grupos de salteadores na região.

Os bandoleiros armavam tocaias e cometiam roubos de gado pelas áreas do Contestado. Nessa situação de bandidagem, a influência dos monges cresceu. O desespero daquela massa de proscritos tinha alívio apenas nas súplicas ao céu e nas bençãos acompanhadas pelos beatos do sertão. Nesse contexto, o desenvolvimento de cultura religiosa própria do Contestado foi auxiliado pela absorção dos contos medievais sobre Carlos Magno, que circulavam naquelas paragens. Surgiu, então, o grupo caboclo dos Doze Pares de França, ou pares de São Sebastião, mostrando a total força da fé católica popular na mentalidade daqueles defensores do núcleo campesino.

A Igreja chegou a se encontrar com essas ordens religiosas dos "monges" do Contestado. Os frades franciscanos exerceram um trabalho árduo e contínuo, pois as dificuldades para visitar os grupos foi grande, e o resultado nunca foi satisfatório. A partir de 1911, sob a direção de outro monge, chamado José Maria, iniciou-se mais uma vez um conflito armado, no qual o monge morreu em combate em outubro daquele ano.

O clero passou a recomendar orações pelo fim daquele conflito e pedia que seus membros depusessem as armas. O movimento rebelde não recebeu apoio dos clérigos pelo fato de os habitantes do Contestado realizarem o sacramento do matrimônio de modo suspeito, uma vez que os noivos eram abençoados com o nome de São José Maria. O contexto não deixa a Igreja, em reestruturação, admitir nenhuma forma de desvio nos sacramentos, em especial o do matrimônio, que também na esfera da República era deturpado pela ideia do divórcio civil.

O conflito terminou com, pelo menos, 20 mil mortos em cinco anos de confronto, e os Estados do Paraná e de Santa Catarina assinaram um novo tratado de divisão de terras. A figura do monge José Maria ficou no imaginário religioso por mais algum tempo naquela região. A Igreja tentou apaziguar a situação pacificamente, contudo não poderia deixar desvios na fé acontecerem. As implicações políticas das atitudes dos membros do Contestado despertaram a ação da República, que não poderia deixar ninguém usurpar sua autoridade. A Igreja não teria como apaziguar as forças do governo, que, admitia ela, eram apenas por interesse político.

Esses movimentos populares tachados de guerras pelos governos são um exemplo da complexidade da relação entre a ideóloga estatal e a fé dos indivíduos dentro do Brasil. Esse, inclusive, é um tema que necessita de muito tempo para ser desvendado, por isso, em nossa exposição, abordamos o essencial para apontar que, muitas vezes, ele pode ser tratado como um simples ato de opressor e oprimido, desconsiderando os aspectos religiosos desses eventos.

4.4 A Igreja e o Estado liberal

A hierarquia não teve participação direta na mudança de regime político, afinal o próprio movimento não era próximo da Igreja. Os militantes republicamos aproveitavam o antimonarquismo de alguns clérigos para dar ao novo regime um ar religioso. Em exortações, sempre afirmavam que teriam relações de amizade com a Santa Sé. Alguns arcebispos até estavam convencidos das vantagens que a República traria ao clero.

A visão do fim do padroado iludiu demais a hierarquia, que pensava que aquele dispositivo legal, que evitava a marcha da religião, seria eliminado, e os grupos sucessores chegariam a um estado inovador, de harmonia com a Igreja. No entanto, os republicanos queriam introduzir as mesmas medidas secularizastes que os membros do império pensavam em realizar: o casamento civil, a liberdade absoluta dos cultos e a secularização dos cemitérios.

A diversidade interna dos republicamos em relação à Igreja ficou aparente: a parcela maçom cooptou o próprio Deodoro da Fonseca e espalhavam notícia para ameaçar Dom Antônio. O medo de desestabilizar o novo regime evitou iniciativas públicas comprometedoras entre os mais radicais inimigos da Igreja.

Em 1890, o Estado laico é instalado no Brasil, com base no pensamento positivista. Rui Barbosa teve um papel decisivo nessa instauração política: enquanto era Ministro da Fazenda e defendia a proposta de estruturação do regime, ele se encontrou com seu ex-professor Dom Antônio, que sabia de sua preferência pelo modelo norte-americano. Rui Barbosa baseava-se no modelo norte-americano, e não no francês, no que tange à religião, isto é, imitando o sistema de federação das colônias na América do Norte, foi mantida como religião oficial aquela que predominava no momento.

Percebendo que a separação era inevitável, Dom Antônio pediu a Rui Barbosa que o direito de propriedade fosse mantido com eles, como seria aos dissidentes. Solicitou também que os católicos tivessem a mesma liberdade e proteção das demais confissões, que os padroados fossem quebrados, bem como o regalismo, os beneplácitos imperiais e os abusos das regalias da Coroa. O pedido do bispo foi atendido.

Em nenhum momento, a Igreja fez oposição à República, como tal. Do outro lado, os republicanos tentaram afirmar um Estado indiferente em matéria religiosa. Apesar das pressões anticlericais, temos demonstrações de apreço ao catolicismo nas figuras mais notórias da República. O Marechal Deodoro da Fonseca, por exemplo, durante seu discurso na abertura do Congresso constituinte, em 1890, agradeceu à divina Providência.

O Ministro Rui Barbosa, apesar de uma carreira contrária aos princípios da Igreja naquele final do século XIX, reconheceu a liberdade à Igreja e certos direitos. O governo reconheceu a religião católica apostólica romana como a religião da maioria do povo brasileiro; a todas as religiões, reconheceu a liberdade de culto, privado e público, individual e coletivo; a todas as confissões, pleno direito de reger-se sem interferência do Estado; abolição do padroado e do cesarpapismo; à Igreja e a todas as confissões, personalidade jurídica, posse e livre administração de seus bens.

O governo federal, porém, ainda sustentou as atuais serventuárias do culto católico, deixando livre aos estados a sustentação dos futuros e mantendo as relações com o Sumo Pontífice. Entretanto, vários membros da Igreja sabiam que um grande embuste provavelmente iria chegar junto com promessas tão sedutoras. As divergências relacionadas ao Estado liberal foram diversas.

A liberdade foi vista como algo positivo, contudo, o laicismo era contrário à doutrina da Igreja. Embora os bispos tivessem mantido um silêncio, tiveram a iniciativa de realizar uma pesquisa, via questionários, sobre o pensamento da situação do novo regime, e as perguntas circularam em sigilo dentro das dioceses.

Em 1890, em São Paulo, houve a reunião no seminário episcopal, na qual foi criado o documento intitulado *O episcopado brasileiro ao clero e aos fiéis da Igreja do Brasil*, que expôs a denúncia e as críticas à impiedade moderna, à liberdade de cultos que igualava o catolicismo a qualquer seita, à secularização do Estado. Entendendo que independência não era separação, a pastoral manteve a linguagem de isenção, somente relembrando que havia cláusulas que poderiam tornar-se restrições perigosas à Igreja.

Tendo em vista que as liberdades eram maiores do que no período monárquico, pontuamos que o documento nunca deixou de mostrar que as incertezas eram grandes, reafirmando a defesa da liberdade da Igreja. O lado republicano teve muitos contrários, pelo fato de o positivismo ser uma ideologia anticlerical, como a questão do casamento civil unilateral, por exemplo. Apesar de tudo, a Igreja lutou na elaboração da Constituinte de 1891 para evitar que ela se tornasse uma armadilha do anticlericalismo. Um medo real por conta dos exemplos europeus de governos.

Depois de muitos debates e várias tentativas de inserir artigos ardilosos contra a Igreja, as questões sobre o patrimônio e o casamento civil continuaram em debate por muitos anos depois da Constituição, a qual era secular e excluiu o nome de Deus de seu preâmbulo.

Síntese

Neste capítulo, abordamos a situação da Igreja no Brasil durante a ruptura com o Estado imperial. Tal fenômeno seguiu o contexto geral no Brasil, assim como no restante do mundo: os eclesiásticos enfrentaram o crescimento das ideologias modernas do liberalismo, do naturalismo e do nacionalismo, correntes de pensamento que convergiram nas sociedades laicas, no caso do século XIX, representadas pela maçonaria, instituição de ideais universais que esteve sempre em tensão com a hierarquia.

Evidenciamos, também, como a formação da República pode ter sido impulsionada pelo medo das elites intelectuais de que um terceiro reinado próximo ao papado surgisse. A escravidão foi encerrada graças aos esforços católicos da princesa Isabel e do Papa Leão XIII, pontífice que iniciou as lutas da Santa Sé contra os totalitarismos dos séculos XIX e XX.

Apresentamos a maneira como os clérigos, nas figuras de Dom Vital e Dom Macedo Costa, foram protagonistas da Questão Religiosa durante o Império, um confronto que durou até a instauração da República. Indicamos, também, como o confronto entre a hierarquia da Igreja no Brasil e os maçons passou por ações vexatórias, difamatórias e de desinformações do lado laico por meio de jornais e revistas contra a Igreja e seus dogmas.

Por fim, abordamos como, durante o surgimento do Estado liberal na República, os clérigos participavam da sociedade política dentro do novo regime, no qual a Igreja não teve participação na formação, mas conseguiu influenciar a constituinte em alguns pontos para sobreviver à nova realidade.

Atividades de autoavaliação

1. Assinale a alternativa que indica quais dessas instituições a Questão Religiosa teve como forças antagônicas:
   a) A República e o Império.
   b) A Santa Sé e a República.
   c) A maçonaria e a Igreja.
   d) O episcopado e a Cúria romana.
   e) As irmandades leigas e os governos de Província.

2. O verdadeiro debate na Questão Religiosa referia-se:
   a) ao poder do governo em auxiliar os jesuítas.
   b) à intervenção republicana nas irmandades religiosas.
   c) à conversão de Dom Pedro I ao catolicismo.
   d) ao confronto entre a maçonaria e a hierarquia fiel à Igreja.
   e) à dominação protestante na imprensa oficial.

3. Assinale a alternativa que indica as personagens centrais da abolição da escravatura no Brasil:
   a) Dom Pedro I e Marquês de Pombal.
   b) Dom Vital e Saldanha Marinho.
   c) Dom Antônio Macedo e Rui Barbosa.
   d) Antônio Conselheiro e José Maria.
   e) Papa Leão XIII e Princesa Isabel.

4. Assinale a alternativa que indica a caraterística comum das rebeliões populares do contestado e de Canudos:
   a) Ambas foram movimentos separatistas.
   b) As duas revoltas tinham o princípio de restauração da monarquia.
   c) O traço comum delas estava em sua visão ideológica iluminista.
   d) O fator econômico era o único motor de suas manifestações.
   e) O enfrentamento involuntário de suas visões transcendais com os princípios da República agnóstica.

5. Assinale a alternativa **incorreta** sobre a relação entre a Igreja e o Estado liberal:
   a) A hierarquia não teve participação direta na mudança do regime político.
   b) O governo manteve a Igreja como entidade civil.
   c) O Estado manteve-se indiferente em relação à religião.
   d) O padroado e o beneplácito são extintos com o novo regime político.
   e) O Estado, por ser cristão protestante, conseguiu eliminar as forças agnósticas da sociedade política.

Atividade de aprendizagem

Questões para reflexão

1. A maçonaria é um fenômeno universal do século XIX e sua atuação sempre esteve em tensão com a Igreja. Leia a íntegra da carta encíclica *Humanum genus*, do Papa Leão XIII, de 1884 (consulte a lista final de referências). Com base nos pontos indicados pelo papa, responda: Por quais motivos os católicos não podem fazer parte de seitas laicas?

2. O movimento abolicionista brasileiro contou com a participação da Igreja em vários momentos. Contudo, alguns afirmam que havia a complacência da Igreja com relação à escravidão. Leia a íntegra da encíclica do Papa Leão XIII, *In plurimis*, de 1888 (consulte a lista final de referências). Em seguida, anote os pontos relacionados à maneira como a Igreja via a escravidão de modo geral. Com base em seu conhecimento prévio, em suas anotações e na encíclica, produza um texto com suas reflexões a respeito dessa questão. Compartilhe suas conclusões com seus colegas.

Atividade aplicada: prática

1. Procure entrevistar alguns membros de sua paróquia e pergunte o que eles sabem sobre a maçonaria e a Igreja. Anote as respostas e relacione-as com os estudos deste capítulo. Em seguida, elabore um texto escrito com suas conclusões.

5

A separação da Igreja e do Estado

A Proclamação da República foi uma fase nova para a sociedade política brasileira em vários aspectos. Além do fim da escravidão, o sistema de padroado foi abolido com todos os elementos imperiais. A liberdade da hierarquia foi alcançada sem perder a tensão com os poderes laicos. O princípio da evangelização existente no início da colonização ficou perdido na fé popular e se tornou raro entre os homens de Poder Público.

O Estado, nesse contexto, ignorou a religião, seguindo os dogmas do sistema positivista de pensamento, e passou não apenas a boicotá-la, mas também a extirpá-la, principalmente dos espaços oficiais. Outras formas de confissão cristã e o espiritismo ganhavam espaço na sociedade brasileira.

Diante dessa situação, a Igreja e os fiéis passaram a organizar-se para renovar o laicado e o clero, criando uma nova evangelização para o Brasil, que fez das décadas de 1920 e 1930 do século XX um período de grande crescimento para o catolicismo brasileiro.

Dom Sebastião Leme conseguiu fazer, durante o governo de Getúlio Vargas, que eventos públicos motivassem o catolicismo, como a cerimônia da sagração do Brasil ao Sagrado Coração de Jesus e a inauguração do Cristo Redentor, no Rio de Janeiro. Nas décadas seguintes, houve a fundação de universidades católicas e a Constituinte de 1934, que seria marcada pela atuação da Liga Eleitoral Católica.

Neste capítulo, abordaremos esses eventos, já citados no capítulo anterior, com mais detalhes.

5.1 A Igreja e a instauração da República

O contexto da instauração da República foi um momento de transição da Igreja do Brasil. A única monarquia dos trópicos passava a ser substituída pelo republicanismo, o regime político dominante nos demais países vizinhos da América do Sul. Sua instauração trouxe tensão e liberdade ao clero nacional. Por ser feito quase sem participação popular, foi fenômeno partido dos grupos dirigentes e imposto à sociedade.

O clero fazia parte de uma camada que, durante a monarquia, tinha amarras com o sistema do padroado e do regalismo, dispositivos políticos que evitavam o deslanchar do catolicismo. A monarquia também não era a mesma do tempo da Ordem de Cristo, uma vez que a infiltração do antirromanismo, do galicanismo e das ideias iluministas desenvolveu uma sociedade laica e deísta. Um exemplo é a maçonaria, que, infiltrada nos grupos da Igreja, evitava sua atuação plena, como já estudamos no capítulo anterior. Veremos, então, como o clero consegue se reestruturar dentro do sistema republicano.

A partir dessa nova realidade política e administrativa, o clero mudava suas atitudes com base em novas maneiras de entender a participação dos leigos na vida da Igreja. Em outras palavras, o clero nacional começou a produzir seus próprios documentos pastorais e suas conferências, sem a vigilância do Estado.

Um exemplo é o movimento denominado *Ação Católica*, criado como uma organização para admoestar os grupos políticos nacionais. Paralelamente, surgiu a *Liga Eleitoral Católica* (LEC), uma inovação que fomentou a vitória parcial da essência católica na construção da Constituição de 1934. Despontaram também nomes que lideraram a Igreja em sua reviravolta histórica.

O catolicismo voltou aos olhares públicos aproveitando essa primeira metade do século, que foi gratificante para ele, visto que grandes eventos públicos tornaram-se motivadores da atuação cultural e política dos católicos leigos. A separação do Estado e da Igreja não foi separação da sociedade e do catolicismo, apenas o início de uma guerra entre as ideologias e a fé real das pessoas. Durante o Império, o Estado foi ambivalente: ajudou a desenvolver o clero e, ao mesmo tempo, também o fez sofrer em razão do regalismo e do padroado.

Os ecos da Ordem de Cristo – que, um dia, ligaram a monarquia ao catolicismo – perderam-se no século XVIII. O que houve na República foi apenas um fruto desse aproveitamento escuso que os governos, não todos os seus membros, faziam da imagem da Igreja, vista apenas como um lugar para ganhar posições sociais ou salários. A liberdade do antigo regime pode ter se transformado em tensão nas atitudes reais do novo. Afinal, na Europa, sincronicamente ao Brasil, ocorreram perseguições depois de falsos acordos. As concordatas eram quebradas facilmente pelos poderes governamentais.

Passemos, então, a ver como se concretizou essa separação.

O regime republicano surgiu fora da discussão direta das hierarquias brasileiras, que estavam debatendo a Questão Religiosa e as leis do fim da escravidão. Seus membros foram somente assediados pelos militares que lhe queriam como apoiadores, fazendo até manifestos exaltando a Igreja.

Na mais célebre delas, a figura de Frei Caneca foi o centro das atenções, talvez porque ele participou da revolução pernambucana, que almejava uma independência, em certa medida, para o Brasil. Mesmo assim, os artifícios propagandísticos dos republicanos não surtiram o efeito, e o clero decidiu ficar cauteloso e silencioso.

A Igreja perdeu o privilégio de ser a única religião patrocinada e legítima de ação pública, visto que surgiram muitas seitas, confissões e religiões no Brasil, até o positivismo entendia-se como uma seita. Nas queixas, não era difícil ouvir sobre o favoritismo e o excesso de adulação cortesã existente na Corte, acabando com a antiga missão da monarquia portuguesa de evangelizar as terras descobertas. A República emergia de maneira quase acelerada e, em razão disso, assumiu uma faceta múltipla.

A Igreja recebeu liberdades, mas também ficou em movimento e atenção para descobrir quanto o governo seria sincero em suas medidas em relação a ela. A liberdade da Igreja pedida pelos bispos não acarretava, necessariamente, o agnosticismo oficial implantado pelo novo regime, mas era possível que o Estado, sem imiscuir-se diretamente em questões eclesiásticas, reconhecesse a natureza própria da Igreja e sua responsabilidade sobre a fé e a moral.

Dessa forma, independentes, mas harmoniosos, os dois poderes (político e religioso) colaborariam para o bem-comum do país, cada qual dentro de sua área de atuação. Essa solução, porém, não foi a adotada oficialmente.

5.2 A Carta Pastoral de 1890

A primeira Carta Pastoral coletiva do episcopado brasileiro foi escrita no ano de 1890. Ela começou a ser elaborada a partir de um ato do internúncio Francesco Spolverini, com experiências diplomáticas em vários países e que estava desde 1889 no Brasil.

O internúncio do Vaticano foi um agente diplomático enviado aos postos recém-criados ou cuja posição jurídica não foi ainda definida. No caso do Brasil, mesmo com uma ligação forte com a Igreja desde o descobrimento, não havia uma estrutura eclesiástica definida.

Spolverini escreveu a cada bispo convidando para uma reunião pastoral com o objetivo de avaliar e propor novas diretivas para o clero. Para tanto, solicitou que respondessem a um questionário, distribuído na forma de circular sigilosa, que pedia a opinião dos bispos sobre o novo regime republicano que tomava conta do Poder Público. A aparência de silêncio tinha o objetivo de recolher informações e não atrair a visão do público. O questionário apresentou a realidade socioeclesiástica do Brasil não apenas com manifestações favoráveis à liberdade conquistada, mas também com lamentações pela equiparação das religiões e o medo de que a perda de direitos básicos trouxesse prejuízos financeiros.

Nas respostas ao questionário, os prelados brasileiros trataram da liberdade de culto de modo natural e mais calma do que seus pares europeus, talvez por existir uma liberdade de culto desde antes do império. Um bem-visto por todos foi a purificação das irmandades leigas pelo fim do padroado, e o maior medo era do dispositivo da mão-morta sobre o patrimônio. Alguns também manifestaram que o fato de a hierarquia consentir a transformação dos reguladores em sujeitos ligados ao regime canônico dinamizaria a Eclésia. Finalmente, as ordens ficariam diretamente ligadas aos seus superiores legítimos.

Entre outras respostas, muitos manifestaram que a possibilidade de renascimento das ordens pelo ensino de noviços retornava como uma esperança de crescimento da evangelização. O estado de penúria financeira era esperado por quase todos, mas, com o auxílio leigo, esse problema foi transposto.

A primeira pastoral coletiva do episcopado teve, portanto, um vasto material para promover seus debates. O papado fez uma manifestação sobre a secularização do governo, apesar de ver como um caminho fora dos objetivos da Igreja, e expressou a esperança de que governo mantivesse os direitos da Igreja e a paz religiosa no Brasil.

A visão otimista do novo governo, apesar das dificuldades que ocorreriam, evitou que houvesse protestos à nova ordem. Os diocesanos olhavam apenas com temor o art. 5º proposto para a Constituição de 1891, o qual tratava da personalidade jurídica, contudo revivendo o dispositivo de mão-morta, que colocava os bens da Igreja sob o poder estatal republicano.

Em 19 de março de 1890, o encontro aconteceu. O episcopado brasileiro firmou o documento intitulado *O episcopado brasileiro ao clero e aos fiéis da Igreja do Brasil*. Nele, os temas que foram perguntados e outros que circulavam na opinião pública foram respondidos, estabelecendo uma linha de cautela sobre os ataques modernos à Igreja e à fé.

A liberdade de culto igualava o cristianismo a qualquer seita. A secularização do Estado não era vista como certa porque a independência não seria uma separação. A pastoral teve um discurso isento ao tratar o decreto de separação.

A doutrina que guiou a pastoral foi a mesma que guiava a Igreja no âmbito global. O Papa Leão XIII determinou muitas diretrizes no final do século XIX, como a doutrina social, fruto de seus esforços em colocar a Igreja a par de seu envolto social.

A pastoral coletiva de 1890, publicada poucos anos após a encíclica *Immortale Dei*, de 1885, analisou a situação brasileira à luz da doutrina católica. Sobre a separação entre Igreja e Estado, o documento traz a seguinte afirmação: "um e outro poder exercerão ação separada e isolada, sem sequer se conhecerem mutuamente. Nada mais de união entre eles. Separação, separação! eis o que se proclama voz em grita, como uma das grandes conquistas intelectuais da época! O mundo social nada tem que ver com a religião" (Episcopado brasileiro, citado por Rodrigues, 1981, p. 19-21).

Em 1901, a Santa Sé determinou que as conferências de bispos deveriam se organizar nas províncias eclesiásticas de três em três anos e, com mais frequência, se fosse preciso para alguma urgência. A mudança veio no momento certo para o Brasil, visto que o clero precisava melhorar com rapidez sua forma de comunicação. Várias reuniões importantes aconteceram, como a Pastoral Coletiva Eclesiástica do Rio de Janeiro e de Mariana, na qual foram criadas regras para contrapor a infiltração protestante e a espírita.

A Pastoral de 1915 teve um papel importante por sua abrangência e seu teor teológico. O documento final dividiu-se em profissão de fé, pregação, doutrina cristã, auxiliares do pároco no ensinamento da doutrina cristã, perigos contra a fé, principais erros modernos, conservação da fé e escolas católicas. O documento foi alterado dois anos depois em decorrência do surgimento do novo Código de Direito Canônico.

No Brasil, as conferências episcopais foram de grande valia para os bispos se encontrarem, discutirem e entenderem sobre os mais variados pontos. Essa dinâmica nunca atingiu os párocos e o povo, em razão de os documentos serem extensos demais para a maioria deles.

5.3 As lideranças da Igreja na primeira metade do século XX

A atividade de certos clérigos pode ser destacada como a vanguarda da nova realidade trazida pela República para a Igreja do Brasil. Frei Pedro Sinzing, por exemplo, exerceu papel importante na atividade de imprensa. A divulgação do espiritismo e do protestantismo cresceu muito depois da liberdade de culto, e a via mais utilizada por essas seitas foi a publicação de livros, revistas e jornais.

Como forma de revidar os ataques que os partidários de outros grupos religiosos lançavam sobre a Igreja, proliferou a edição de pequenos jornais, iniciativas de leigos e de sacerdotes por meio das quais buscavam combater os males causados pela imprensa. Juntamente às revistas, surgiram editoras católicas.

Os responsáveis pelas publicações foram os franciscanos, os salesianos e os claretianos. Frei Pedro chegou ao Brasil depois de passar pelo terrível sistema anticatólico da "Guerra da Cultura", promovido pelo governo liberal de Bismark, na Alemanha. Primeiro destinado à Bahia e, depois, transferido para o Rio Grande do Sul – onde chegou a fundar o jornal *Cruzeiro do Sul*, em 1902 –, Frei Pedro chegou em 1908 a Petrópolis, onde pôde desenvolver sua vocação para o apostolado na imprensa. Embebido na ordem do Papa Leão XIII de reviver as ordens no Brasil, ele trouxe a melhoria da imprensa católica e fundou uma tipografia, articulando o Centro da Boa Imprensa, do qual brotou, por expansão, a Liga da "Boa Imprensa".

No início dos anos de 1920, voltou à Alemanha, mas, mais tarde, retornou ao Brasil, ainda empenhado no apostolado da imprensa. Seu plano maior era o lançamento de um jornal, o *Diário Católico*, que fosse publicado todos os dias na capital do país e distribuído por todo o território nacional. O intento não prosperou, mas o frei se destacou como o pioneiro de uma ideia que não chegou a ser posta em prática por nenhum outro depois dele.

Outro clérigo que merece destaque é Padre Júlio Maria. Nascido em Angra dos Reis, no Estado do Rio de Janeiro, foi batizado como Júlio César de Moraes Carneiro. Formou-se advogado em 1875 em São Paulo e foi promotor em Minas Gerais. Casou-se e enviuvou duas vezes. Convertendo-se à fé católica, resolveu assumir votos religiosos e ingressou na congregação dos redentoristas. Tornou-se um dos oradores sacros mais importantes do país.

A fama e a influência do Padre Júlio Maria se estenderam por todo o Brasil. O filósofo acatólico Farias Brito o defendeu de ataques dos grupos intelectuais positivistas, caracterizando um exemplo da reintrodução dos clérigos e da Igreja na vida da sociedade política nacional. O respeito à produção intelectual do padre foi exemplo de que as ideias embasadas na missão da Igreja poderiam ser apresentadas nos círculos de debates intelectuais brasileiros, mesmo naqueles dominados por um anticlericalismo.

Ressaltamos, também, a figura de Padre Desidério Deschand, lazarista que, entre outras obras, publicou, em 1910, *A situação atual da religião no Brasil*.

A movimentação do laicato, organizado em associações e em federação, a celebração de congressos católicos, tudo isso era ainda o início de um trabalho imenso por fazer.

Os frutos mais expressivos começaram a aparecer somente a partir da década de 1920, como, por exemplo, o Centro Dom Vital, cujo eixo na doutrina católica dinamizou toda a vida cultural carioca e brasileira. Outro exemplo é o Cardeal Dom Joaquim Arcoverde de Albuquerque Cavalcanti, que se aproximou do governo e foi o primeiro cardeal com voto no Sagrado Colégio Romano, utilizando de sua notoriedade para aumentar o prestígio da Igreja entre as autoridades do país, inclusive enaltecido pelo Barão do Rio Branco.

Dom Macedo Costa e Dom Sebastião Leme formaram a geração que surgiu depois da Carta Pastoral de 1890, a qual marcou longamente a atividade dos clérigos e dos leigos católicos no campo público brasileiro. Os dois foram importantíssimos para manter a Igreja e o catolicismo vivo durante a República.

Como resposta ao agnosticismo da República, essa nova geração de intelectuais católicos buscou tornar o século XX no século da Igreja no Brasil. Outros exemplos dessa geração foram o já citado Padre Júlio Maria, Carlos Laet, Conde Affonso Celso, Felício dos Santos e Visconde de Saboia. Fiéis instruídos que começaram a esboçar uma tentativa de ação corporativa na sociedade católica brasileira dos anos seguintes ao trabalho de Dom Leme.

Dom Sebastião Leme realizou um trabalho apostólico impressionante, com iniciativas diversas que incluíram a criação de uma universidade católica (a Pontifícia Universidade Católica do Rio de Janeiro), para formar uma elite dirigente, cujo critério católico se irradiaria por todos os campos da sociedade – nos tribunais, nas escolas, nos jornais. Esse objetivo fez surgir nomes como o escritor José Rafael de Menezes, o jornalista Edgar da Mata Machado, o historiador Américo Lacombe, entre outros.

Também foram de responsabilidade de Leme a edificação do monumento ao Cristo Redentor, no Corcovado (RJ), e a solene consagração do Brasil ao Sagrado Coração de Jesus Cristo, Rei do Universo, realizada no dia 12 de outubro de 1931, na presença do chefe do governo e todos os ministros.

Figuras leigas e convertidas também foram responsáveis por guiar a Igreja na metade do século XX, como Jackson de Figueredo, responsável por organizar, junto a Dom Sebastião Leme, um centro de pastoral laica, nomeado de Dom Vital. Figueiredo foi substituído por Alceu Amoroso Lima durante governo de Arthur Bernardes.

O Cardeal Arcoverde, Dom Leme e Padre Júlio Maria desenvolveram a ideia da aproximação da Igreja com o povo. A religiosidade popular era, em sua maioria, da vertente católica, entretanto existia um distanciamento com o clero tanto pela falta de membros quanto pelas barreiras externas. Em outras palavras, como já vimos no capítulo anterior, as várias fraternidades laicas atrapalharam a missão evangelizadora da Igreja, e os governos, desde o pombalismo, impediram a instrução e a catequização do pequeno semblante no Brasil.

5.4 A Liga Eleitoral Católica e a Constituição de 1934

Em 1916, Dom Sebastião Leme publicou uma carta pastoral saudando seus diocesanos, com o objetivo de motivar os católicos a saírem da letargia e confrontarem a posição agnóstica do Estado. A carta apontava as dificuldades do catolicismo naquela primeira metade do século XX, e seu pedido era que os católicos laicos vivessem intensamente os sacramentos, dando avivamento ao laicato, ao mesmo tempo que ressalta:

os católicos, somos a maioria do Brasil e, no entanto, católicos não são os princípios e os órgãos da nossa vida política. Não é católica a lei que nos rege. Da nossa fé prescindem os depositários da autoridade. Leigas são as nossas escolas; leigo, o ensino. Na força armada da República, não se cuida da Religião. (Sebastião Leme, 1916)

Há, ainda, a admoestação pedindo ao católico a ação de inserir-se na vida pública: "na engrenagem do Brasil oficial não vemos uma só manifestação de vida católica" (Sebastião Leme, 1916).

O bispo reclamava do fato de não identificar os católicos nas fábricas, no comércio e na imprensa e continua: "Que maioria católica é essa, tão insensível, quando leis, governos, literatura, escolas, imprensa, indústria, comércio e todas as demais funções da vida nacional se revelam contrárias ou alheias aos princípios e práticas do catolicismo?" (Sebastião Leme, 1916). A crítica à realidade dessa massa gigantesca que se pronuncia católica, mas não transforma sua fé em prática e vivência cultural, é enfatizada em cada linha da carta pastoral: "É evidente, pois, que, apesar de sermos a maioria absoluta do Brasil, como nação, não temos e não vivemos vida católica" (Sebastião Leme, 1916).

Quase ao final do documento, o arcebispo afirma:

É natural, é cristão, é lógico que devo pôr todo o empenho em que meu Deus seja conhecido e amado. Devo esforçar-me para que se dilate o seu reinado e ele – o meu Jesus – viva e reine, impere e domine nos indivíduos, na família e na sociedade. (Sebastião Leme, 1916)

A carta apostólica de Dom Sebastião Leme foi, para a época, uma trombeta que despertou muitos, por isso ela e seu autor podem ser considerados divisores de águas na história do catolicismo brasileiro. A partir dessa convocação, laicos como Jackson de Figueiredo e, depois, Alceu Amoroso Lima assumiram o comando do centro Dom Vital.

O contexto da década de 1920 foi marcado pelo levante tenentista, pela Semana de Arte Moderna de 1922, pelo governo conturbado de Arthur Bernardes e pela criação da política de polos, com os conservadores, tenentistas e os comunistas. Naquele momento, todos esses grupos passavam a tentar mudar o sistema político do Brasil, mas o grupo dos comunistas era o mais analisado e combatido pela Igreja.

A ideologia totalitária comunista era tema recorrente nas encíclicas papais desde a *Rerum novorum*, de Leão XIII, em 1891, sobre a condição dos operários (Leão XIII, 1891). Por isso, a Igreja no Brasil observava com cuidado esses movimentos como era de praxe ao redor do mundo.

A hierarquia eclesiástica brasileira e seus líderes do laicato mantiveram-se na defesa das instituições constituídas legitimamente, buscando não participar de partidarismos, mas se envolvendo nas questões políticas consideradas por eles mais importantes, como as revisões constitucionais, e procurando recuperar direitos ou evitar leis contrárias à doutrina.

Podemos exemplificar essa postura com a lei do divórcio, proposta para as Constituições de 1934 e de 1946, cujo texto foi alterado pela intervenção do Padre Leonel Franca, figura que defendeu o catolicismo nacional tanto das investidas dos políticos anticlericais quanto dos movimentos protestantes agressivos. A presença e a influência católica aumentaram no Estado a partir de 1930 – um Estado oficialmente agnóstico e, de modo geral, governado por positivistas.

Enquanto a Semana de Arte de 1922 acontecia, ocorria um marco do catolicismo: o Congresso Eucarístico Nacional, em cujo encerramento Dom Leme realizou um ato evocativo em forma de profissão de fé, confirmando aquilo que seria, para ele, a libertação da nação brasileira, ou seja, o triunfo de Cristo sobre o laicismo.

Alguns anos depois, em 1939, ocorreu o ponto alto dessa renovação espiritual do catolicismo brasileiro quando foi celebrado o Concílio Plenário Brasileiro. Seu fruto foi a Ação Católica Nacional, que conseguiu dar um novo caminho à piedade litúrgica, publicando missais e mostrando aos fiéis que a missa era o centro da vida cristã. Nesse sentido, convidavam-se os fiéis à exposição pública da fé, indo contra a vontade liberal de torná-la privada. O desenvolvimento da Ação Católica aconteceu em um momento em que os leigos, inscritos ou não nela, tomaram para si, de modo mais consciente, a tarefa do apostolado. A presença pública do catolicismo era renovada por personagens como Carlos de Laet, Conde Affonso Celso, Felício dos Santos, Conde de Saboia e tantos outros.

Em 1923, Dom Sebastião Leme escreveu o livro *Ação Católica: instruções para a organização e funcionamento da Confederação Católica do Rio de Janeiro*, cujo objetivo era teorizar a instalação de um sistema de confederações, as quais deveriam coordenar e dinamizar as associações católicas. A hierarquia e os laicos tinham objetivos definidos a alcançar e uma organização que visava à união de todas as forças católicas que despontavam em todo o país.

A ideia de Ação Católica era global naquele contexto. O Papa Pio XI, em sua encíclica *Ubi arcano*, de 1922, institucionaliza o conceito e a atividade da Ação Católica, quando os anos dos totalitarismos começavam a se aproximar (Pio XI, 1922). Benito Mussolini perseguiria a Ação Católica, mesmo resolvendo a Questão Romana com Pio XI. Seu surgimento era um instrumento de proteção e quase uma profecia das perseguições que ocorreriam na Europa.

Em 1938, a Ação Católica, delimitada pelo pensamento do papa, foi fundada no Brasil, com o objetivo principal de combater os erros sociais modernos, especialmente a laicização da sociedade e do Estado. Pela Ação Católica oficial, os leigos passavam a ser participantes do apostolado próprio da hierarquia, que lhes conferia um mandato que, por sua natureza, dava ao apostolado dos leigos da Ação Católica uma autoridade de que não dispunha o apostolado normal dos leigos, que não recebiam esse mandato e que atuavam, portanto, em seu próprio nome, sob sua própria responsabilidade.

A Ação Católica nascia no Brasil quando sua coirmã italiana era subjugada pelos fascistas (Romanowski, 2019), portanto podemos considerar que, aqui, ela foi uma organização que serviu de embaixada do catolicismo na corte política da República.

Os eventos que marcaram a afirmação do catolicismo como elemento público e cultural durante os anos de 1930, já citados em outras passagens, trouxeram, em sua esteira, a pressão católica por reformas. Entretanto, como já ressaltamos antes, a ideia de um partido católico, que circulava na sociedade, não foi aceita pela hierarquia, mas Dom Sebastião Leme desenvolveu uma organização eclesiástica suprapartidária.

Como explica Alencar (2019, p. 185),

> o motivo era livrar-se dos entraves e restrições que um partido possui. Seus objetivos concentravam-se em reunir o eleitorado católico, dando-lhe instrução e força propulsora, e assegurar a aprovação da Igreja aos candidatos dos diferentes partidos sempre que aceitassem os princípios sociais católicos e o compromisso de defendê-los na assembleia constituinte.

A organização funcionava no sistema de reivindicações a que qualquer político, independentemente do partido, poderia aderir, divididas da seguinte forma: três fundamentais – ensino religioso facultativo nas escolas públicas, indissolubilidade do matrimônio e assistência religiosa facultativa às Forças Armadas; e seis secundárias – lutar pela pluralidade e liberdade de sindicalização, de modo que os sindicatos católicos tivessem as mesmas garantias dos sindicatos neutros; obter a isenção do serviço militar para os clérigos; construir uma legislação trabalhista inspirada na justiça social e nos princípios da ordem cristã; defender o direito da propriedade privada; preservar a ordem social contra qualquer atividade subversiva; e suprimir qualquer legislação que, implícita ou explicitamente, se opusesse aos princípios fundamentais da doutrina católica.

A Liga Eleitoral Católica (LEC) passava a realizar a admoestação das mesmas ideias que vemos na Europa no mesmo período, quando, nessa região, o comunismo, o nazismo e o fascismo cresciam. Os três movimentos retiravam exatamente esses direitos e atacavam o catolicismo. As reivindicações eram preventivas ao que ocorria no mundo.

A Assembleia Nacional Constituinte foi instalada oficialmente no dia 8 de novembro de 1933. Os maiores defensores das propostas da LEC na Assembleia foram o Padre Arruda Câmara, líder da bancada pernambucana; Barreto Campelo, deputado do Distrito Federal; e Antônio Carlos de Andrada, presidente da Assembleia, além da bancada paulista em sua quase totalidade. O grupo chamado *inimigos da Igreja* era liderado por Sampaio Correia, Pereira Lira, Cincinato Braga, Edgar Sanches, Guaraci Silveira e Zoroastro Gouveia.

O principal debate entre esses dois grupos girou em torno da questão do divórcio. Promulgada a Constituição em julho de 1934, ficou constatada a vitória dos princípios da LEC: foi permitida a assistência espiritual nos estabelecimentos oficiais e militares; o casamento religioso adquiriu validade civil e o divórcio foi proibido; e foi prevista a instrução religiosa dentro do horário escolar. Além disso, os membros das ordens religiosas adquiriram o direito de voto, as escolas católicas passaram a receber subvenção do Estado e foram asseguradas mais facilidades jurídicas às associações religiosas.

Segundo Thomas C. Bruneau (citado por Kornis, 2023), "a Constituição de 1934 foi uma grande vitória para a Igreja na obtenção do reconhecimento público daquilo que ela considerava seu lugar próprio na sociedade". Como esclarece a cientista social Mônica Kornis (2023), "a Carta de 1934 veio corroborar a aproximação Igreja-Estado, iniciada pelo Governo Provisório de Vargas logo após a Revolução de 1933".

Em 1937, a nova Constituição atenuou o caráter pró-católico da de 1934, refletindo a preocupação do Estado Novo com as possíveis consequências da atividade da Igreja no campo político, que poderia ameaçar o poder do governo e dos coronéis tradicionais. Na década de 1930, as relações entre o clero e a classe política chegaram ao patamar de maior comunhão de interesses.

A movimentação da LEC cativou a atenção de nomes da sociedade política conhecidos: Oswaldo Aranha, então Ministro da Fazenda, responsável pela aproximação do governo durante o período do Estado Novo ao lado dos Estados Unidos durante a Segunda Guerra Mundial. A aproximação da Liga com Aranha também trouxe a figura de seu irmão Luís Aranha, secretário-geral da União Nacional Cívica, uma coligação política tenentista. Essa relação facilitou a aceitação das reivindicações mínimas dos católicos brasileiros por essa coligação, ganhando mais apoio durante o período do anteprojeto constitucional.

Juarez da Távora, major e ministro de Estado, naquele momento, membro da Assembleia Constituinte, escreveu para o leigo Amoroso Lima, presidente do Centro Dom Vital e secretário-geral da Liga Eleitoral Católica, expondo que as seguintes questões haviam sido discutidas e consideradas pelos partidos envolvidos na constituinte: a indissolubilidade do vínculo matrimonial, a plena independência dos poderes temporal e espiritual, o ensino religioso facultativo nas escolas públicas, assistência religiosa facultativa nos estabelecimentos militares, penitenciários e hospitalares etc.

Outras provas do cotidiano mostram a interação do clero com grupos de dirigentes governamentais, como homenagens aos membros do governo em obras, discursos e documentos oficiais de ambos os lados. O resultado da campanha da LEC foi, segundo Dom Leme (citado por Vieira, 2021b, p. 227), "a Liga Eleitoral Católica conseguiu seu objetivo, uma vez que, à exceção do Partido Liberal do Rio Grande do Sul, todos os outros grandes partidos e quase todos os grandes partidos e quase todos os candidatos do Brasil aceitaram nossos postulados".

Outra estratégia pensada era influenciar eleitores e manter os candidatos com pretensão à reeleição sob vigia.

A Constituição de 1934 recuperou, inclusive, o nome de Deus em seu preâmbulo. Considerada pelo clero como uma grande vitória católica, a questão matrimônio foi um dos projetos mais debatidos, e o termo *indissolúvel* foi mantido no art. 146. Apesar de colocar o matrimônio como civil, estabelecia que, quando realizado em qualquer cerimônia religiosa de qualquer confissão, não sendo contrária à ordem pública, teria o mesmo efeito.

Os votos dos religiosos foram aprovados, bem como a permissão à assistência religiosa nas expedições militares, hospitalares e qualquer estabelecimento oficial, e também a questão dos sindicatos católicos, outro ponto ligado à doutrina social da Igreja que se desenvolvia no pensamento de Leão XIII.

O sindicalismo era um ponto de cultivo das doutrinas comunistas que causavam, na Europa, movimentações anticristãs e ateístas. A função do sindicato nas relações de trabalho não era um problema, entretanto, sua organização foi tomada, na Europa, pela nascente ideologia socialista, que, em muito, seguiu os objetivos antirreligiosos dos movimentos anteriores.

Por isso, a possibilidade de um sindicato cristão era importante no Brasil, visto que a industrialização ainda estava se iniciando.

Síntese

Neste capítulo, demonstramos que a Igreja chegou ao período republicano enfrentando a situação da apoteose da separação entre Estado e Igreja. A mudança de regime político não foi discutida com a Igreja, como o surgimento do império havia sido.

Destacamos que as amarras das infiltrações de grupos anticatólicos foram rompidas, e a hierarquia passou a debater e expurgar os elementos que não seguiam a missão da Igreja. As relações com a Santa Sé retornam sem impedimentos, e as bulas e até as recomendações de Trento passaram a ser efetivadas, tendo sido realizada a primeira pastoral sem intervenção governamental.

Esclarecemos, também, que a posição da Igreja buscou a unidade e o diálogo com a sociedade política, conseguindo manter sua figura de entidade civil, embora tivesse de partilhar seu espaço com as várias seitas e confissões que chegaram com a República. Isso, entretanto, dinamizou a criação de documentos e pastorais. A educação ganhou um novo patamar, apesar de perder as escolas, e o ensino dos novos clérigos foi renovado.

As dificuldades financeiras provocadas pelo fim do apoio financeiro do governo não foram tão complexas, e, com o auxílio dos leigos, as funções dos ritos continuaram. As ordens religiosas ressurgiram e os clérigos fugidos de governos liberais trouxeram a imprensa de vertente católica para o Brasil. Alguns nomes importantes enriqueceram os debates sacros e combateram os filósofos positivistas; outros estimularam os congressos católicos. Muitas obras relevantes foram publicadas para o clero conhecer a situação do Brasil.

A Constituição de 1934 foi a prova de que a ação sobre os políticos da Liga Eleitoral Católica foi um sucesso, tanto que a assistência espiritual nos estabelecimentos oficiais e militares passou a ser permitida, o casamento religioso adquiriu validade civil e o divórcio foi proibido, além de ser prevista a instrução religiosa dentro do horário escolar. Os membros das ordens religiosas adquiriram o direito de voto, as escolas católicas passaram a receber subvenção do Estado e foram asseguradas maiores facilidades jurídicas às associações religiosas.

Atividades de autoavaliação

1. Em 1890, houve a elaboração da primeira carta pastoral dos bispos brasileiros. Assinale a alternativa que indica seu objetivo principal:
   a) Anular a República.
   b) Acelerar a separação entre Igreja e Estado para poder efetivar um cisma com Roma.
   c) Restabelecer o padroado e o regalismo.
   d) Transferir o beneplácito para o presidente da República.
   e) Advogar com o novo regime político uma postura que respeitasse a Igreja.

2. Assinale a alternativa que indica qual a associação civil ligada à hierarquia contribuiu com os esforços para que a Constituição de 1934 fosse uma grande vitória do movimento católico:
   a) Liga da Boa Imprensa.
   b) Partido Católico.
   c) Liga Eleitoral Católica.
   d) Ordem de Cristo.
   e) Clube da Resistência.

3. Assinale a alternativa que indica os eventos que inauguraram o retorno do catolicismo à vida pública do Brasil:
   a) Fundação do partido católico.
   b) Inauguração do Palácio do Catete.

c) Aclamação da bandeira da República.

d) Entronização da imagem de Leão XIII.

e) Consagração do Brasil ao Sagrado Coração de Jesus.

4. Assinale a alternativa correta sobre a atuação de Dom Sebastião Leme:

a) Conseguiu dividir a fé popular da Igreja para acabar com as superstições.

b) Desenvolveu um partido católico no qual ele era o presidente.

c) Anulou seu inimigo político, Jackson de Figueredo.

d) Escreveu o livro *Ação Católica: instruções para a organização e funcionamento da Confederação Católica do Rio de Janeiro.*

e) Eliminou a Ação Católica, por ser uma entidade marxista.

5. Qual encíclica papal foi importante para o clero desenvolver a sua perspectiva sobre a separação entre o Estado e a Igreja na República?

a) *Evangelium vitae.*

b) *Laudato si'.*

c) *Caritas in veritate.*

d) *Immortale Dei.*

e) *Aequum reputamos.*

Atividade de aprendizagem

Questões para reflexão

1. Pesquise em fontes de informação confiáveis se o governo no Brasil respeita a liberdade religiosa dos católicos. Anote os fatos e elabore um texto escrito com suas conclusões sobre a pesquisa.

2. Leia a encíclica *Immortale Dei* (Leão XIII, 1885), em especial, os itens de 1 a 10. Anote os pontos que considerar importantes sobre a relação das funções da Igreja e do Estado. Com base nessas anotações, responda: Existem, na atualidade, problemas entre o Estado e a Igreja?

Atividade aplicada: prática

1. Os eventos públicos, como a sagração do Brasil ao Sagrado Coração de Jesus, são conhecidos de sua comunidade paroquial? Faça uma pesquisa para descobrir o grau de conhecimento e compreensão desse evento. Produza um texto escrito com suas reflexões e conclusões sobre a pesquisa.

6
A Igreja e a história atual do Brasil

N este capítulo, trataremos dos eventos mais notórios da vida da Igreja no Brasil a partir de 1945.

Abordaremos o surgimento da Conferência Nacional dos Bispos do Brasil (CNBB), um colegiado importante para a manutenção da evangelização e da estrutura da hierarquia durante o período da ditadura militar e a época seguinte, considerada a redemocratização do Brasil.

Apresentaremos, também, a posição e os fatos da Igreja em relação às questões sociais e ambientais da atualidade.

6.1 O surgimento e o papel da CNBB

A partir de 1945, houve mais um novo período de crises e encruzilhadas para o catolicismo brasileiro. O primeiro período, como vimos, foi o da expulsão dos jesuítas e da intervenção governamental na vida eclesiástica durante o Império. Logo depois, veio um período de expansão e de consolidação do catolicismo em todos os âmbitos da sociedade durante o período republicano e do Estado Novo. Essa nova crise brasileira da metade do século XX aponta que o Brasil estava em sincronia com a crise mundial pós-Segunda Guerra Mundial.

O período que sucedeu o Concílio Vaticano II, em 1961, foi de desafios para todos os católicos no mundo inteiro. Um dos símbolos desse período é a formação da Conferência Nacional dos Bispos do Brasil (CNBB), órgão protagonista da Igreja do Brasil do período pós-conciliar até atualidade. A Igreja passou por divisões, confusões e problemas com ideologias, como a teologia da libertação e as atitudes internas de grupos restritos que comprometeram a ortodoxia da doutrina.

A CNBB experienciou dois momentos políticos nacionais complexos – a ditadura militar e a redemocratização –, mas nunca ficou sem o espaço para debates. Por isso, sua criação é um capítulo importante da história da Igreja no Brasil. Graças aos esforços de Padre Helder Câmara, a CNBB foi criada em 1952. O falecimento de Dom Sebastião Leme, em 1942, havia deixado um vazio de autoridade dentro do clero nacional, por isso a falta de uma figura central, que pudesse ser chamada de líder da Igreja no Brasil, precisava ser preenchida por alguém que fosse mais do que uma autoridade, deveria ser a voz dos bispos.

O colegiado foi instituto para vencer um problema sério no interior do clero brasileiro, visto que existia uma disputa ideológica correndo entre os clérigos. A Santa Sé autorizou o colegiado, que também surgia para facilitar a comunicação entre os bispos, para suprir as dioceses em suas deficiências de recursos humanos e materiais e para coordenar as atividades e os esforços dos bispos.

Edvaldo Soares relata, em documento, a finalidade da CNBB. No trecho, assim comenta: "Trata-se de um órgão que visa articular, com oportunidade e eficiência, a ação de todo o Episcopado Nacional, em problemas importantes de interesse comum a todas as dioceses brasileiras" (Soares, citado por Alencar, 2019, p. 207).

As distâncias continentais do Brasil não permitiam aos bispos, nos primeiros anos e décadas da CNBB, o acompanhamento mais frequente da entidade, que começou funcionando no Rio de Janeiro, então capital federal, e, em seguida, acompanhou a mudança da capital para Brasília. Na prática, ela era tocada por seu secretariado-geral. A conferência episcopal não substituiu (nem podia fazê-lo) a autonomia da jurisdição de cada bispo no território de sua diocese, contudo influía poderosamente sobre os movimentos da Igreja, que se integravam a ela por meio dos secretariados, a começar pela Ação Católica. Juridicamente, cada bispo continuava sendo o pastor e mestre de sua diocese, garantida sua relação única e direta com a Santa Sé por meio do núncio apostólico.

A CNBB erigiu estruturas de planejamento para uma ação em conjunto sobre problemas comuns, buscando homogeneidade na análise da realidade brasileira e como a Igreja deveria enfrentar esses percebidos desafios.

Um fato importante do contexto do surgimento da organização foi a reestruturação das ações da missão da Igreja depois do Concílio Vaticano II. Na realidade concreta do Brasil dos anos 1950, a Igreja enfrentava os mesmos problemas de escassez de sacerdotes, catequeses deficientes e falta de recursos materiais para manter e construir seminários. Na verdade, carências que o Brasil sentiu por muito tempo em sua história eclesiástica. Contudo, depois da Segunda Guerra Mundial, o mundo apresentava esses mesmos problemas em âmbito global. Cada bispo do Brasil estava sozinho tratando desses problemas.

A CNBB tinha seus escritórios em locais fixos: Rio de Janeiro e, depois, Brasília. Sabendo do tamanho do Brasil e como isso sempre atrapalhou as reuniões episcopais, a entidade nunca substituiu a autonomia da jurisdição de nenhuma diocese, contudo, influenciava a vida litúrgica, os serviços de caridade, os grupos jovens, e – reconhecida como porta-voz dos bispos brasileiros – gozava de prestígio ímpar no grande debate nacional, a tal ponto que sua voz tinha capacidade de ofuscar a dos bispos individuais em suas dioceses. Dessa forma, ocorreu o enfraquecimento do poder do bispo na diocese de maneira prática, em decorrência do ideal de fraternidade e colegiado da CNBB.

A figura de liderança de Dom Sebastião Leme nunca se repetiu. Entretanto, ganhava-se uma articulação capaz de desenvolver planejamentos para realizar ações conjuntas para resolver os problemas comuns ou mesmo sanar de maneira coordenada problemas pontuais. A união dos bispos foi muito útil, mesmo assim não ficou sem apresentar dificuldades, como a questão da centralização das decisões, fruto do que mencionamos anteriormente: o tamanho do Brasil.

O fato é que muitos dos bispos não tinham como se locomover, e, com isso, a participação não podia ser assídua por parte de todos. Essa realidade fez surgir o papel dos assessores e especialistas dentro dos escritórios na capital federal, que apresentavam as respostas dos casos ao episcopado. A década de 1960 foi mundialmente marcada por problemas e conflitos civis e ideológicos e, no Brasil, não foi diferente. Assim, a CNBB representou, para os bispos, ocupados em suas ordinárias tarefas pastorais, um direcionamento sobre as grandes questões nacionais, a respeito das quais eram cada vez mais chamados a se manifestar, sem, contudo, dispor todos eles do tempo e dos recursos necessários para estudos dessa natureza.

O clero nacional sempre foi parte atuante da sociedade política, pois era reconhecido como um grupo instruído e capaz de expressar sua opinião sobre assuntos de maneira completa: social e espiritual.

Por isso, os bispos entregavam aos assessores da CNBB um voto de confiança na decisão, sempre tendo em vista que esta estaria dentro da visão cristã de pensamento. Essa dinâmica trouxe dúvidas sobre a atuação do órgão, visto que certos assessores tinham um compartilhamento com os ideais de esquerda. Consecutivamente, ocorria, nas ações políticas e sociais, certa dúvida a respeito da essência cristã das decisões.

Apesar das críticas e por ser uma organização nova e ainda não comum na vida Igreja, a CNBB teve grande poder e influência no cenário nacional. Por dez anos, o grupo inicial de bispos que fundou a CNBB teve assegurado o poder sobre as linhas trilhadas pela entidade, imprimindo fortemente sua marca, que forjou o estereótipo da conferência episcopal brasileira por muitas décadas. Durante essa primeira década, outros prelados juntaram-se aos primeiros, frequentemente sacerdotes elevados ao episcopado por meio de indicações em que se levava em conta a afinidade com esse grupo inicial.

Dom Helder Câmara e Dom Armando Lombardi, o núncio apostólico no Brasil, trabalharam na construção da CNBB e, inclusive, conseguiram aumentar as ordenações episcopais em velocidade recorde para o Brasil, o que fez com que houvesse mais bispos para facilitar a administração das dioceses. Entre os fenômenos internos da entidade, havia a tendência do progressismo, sempre uma constante fonte de críticas e de estudos sobre a CNBB na missão evangelizadora da Igreja no Brasil, visto que, com a morte de Dom Sebastião Leme, notamos não apenas a falta de uma coordenação nacional para a evangelização no Brasil, mas também o fim de um período de concórdia e mútuo entendimento entre Estado e Igreja.

O Brasil mudou de regime duas vezes, mas a CNBB continuou a desenvolver-se e criou as campanhas da fraternidade, tornando-se uma organização de opinião ativa na vida nacional. Podemos definir que o episcopado brasileiro sofreu notáveis mudanças com a criação da Conferência Nacional dos Bispos do Brasil: houve a expansão do número de bispos e o surgimento de novas circunstâncias políticas, sociais e ideológicas no Brasil e no mundo, que alteraram de modo marcante a hierarquia brasileira.

Nesse período, surgiu também o Conselho Episcopal Latino-americano (Celam), fundado pelo Papa Pio XII em 1955, a pedido dos bispos da América Latina e do Caribe. O propósito é o serviço às conferências episcopais nacionais latino-americanas e caribenhas em sua tarefa pastoral, promovendo um lugar de contato e auxílio mútuo em seus diversos campos de atividade. A fundação de órgãos como a CNBB e o Celam inibiu o surgimento de grandes líderes do episcopado.

Outro fenômeno relevante foi o surgimento de doutrinas paralelas à teologia. No campo da liturgia, os abusos causados pela criatividade de sacerdotes levaram, na prática, à criação dos ritos mais diversos, que variavam de diocese para diocese, de paróquia para paróquia. Fato que não era exclusivo do Brasil, mas recorrente em várias dioceses depois do Vaticano II.

Em 1962, a CNBB apresentou o Plano de Emergência, bem como diversos planos de pastoral de conjunto, elaborados para servir como planificação da ação pastoral. Acreditava-se, consoante o cientificismo e o tecnicismo reinantes no século XX, que os planos pastorais elaborados à luz dessa ciência seriam capazes de desenvolver a Igreja no Brasil e resolver os problemas sociais, mesmo não sendo estes de natureza religiosa. O programa de emergência pretendia uma reforma da estrutura eclesiástica e uma atividade externa, em nome da Igreja, a favor de reformas sociais.

A reforma interna, eclesiástica, consistiu na reforma paroquial, na reforma do ministério sacerdotal e na reforma dos educandários e pela pastoral de conjunto. O plano teve quatro inimigos: o naturalismo, que leva até cristãos a não terem, muitas vezes, a visão cristã da vida; o protestantismo, que tenta entre nós seu esforço máximo de expansão e se acha, de fato, em maré montante; o espiritismo, cuja difusão, nas grandes cidades e nos meios de miséria, tem ares de endemia; o marxismo, que empolga as escolas superiores e controla os sindicatos operários.

6.2 A Igreja e a ditadura militar

Quando aconteceu o movimento de 1964, apesar de diversos leigos católicos de prestígio – como o governador da Guanabara, Carlos Lacerda – terem participado da elaboração da intervenção militar, os militares, uma vez tendo assumido o poder, ignoraram a religião, governando com preocupação mormente econômica, em estilo tecnocrático. Além disso, não devolveram o poder aos civis, como era esperado que fizessem.

É importante ressaltar que essa intervenção foi amplamente saudada não só pela imprensa e pelas organizações da sociedade civil, mas também por diversas autoridades eclesiásticas que haviam incentivado o movimento de mulheres contra o comunismo, substanciado nas Marchas da Família com Deus pela Liberdade, que reuniram milhares de pessoas.

O movimento civil que pediu a intervenção militar pretendia que a ação das Forças Armadas se limitasse a deter o comunismo que crescia durante o frágil governo de João Goulart e, em seguida, convocasse novas eleições, segundo a Constituição de 1946. Ao contrário, os militares editaram diversos Atos Institucionais e uma nova Constituição, realizando eleições indiretas e permanecendo no poder até 15 de março de 1985.

Alencar (2019, p. 219) afirma que "o regime militar foi responsável pela introdução do divórcio no Brasil. Para a animosidade do governo contra os católicos, contribuiu a atuação de Dom Hélder Câmara e da CNBB a favor dos opositores ao regime".

Embora o comunismo não tenha jamais deixado de ser condenado pela hierarquia brasileira por seu caráter ateísta e materialista, entre os teólogos progressistas, ocorria uma linha de interpretação do humanismo cristão, que, nos demais aspectos, além do ateísmo e do materialismo, muito se aproximava da interpretação marxista da realidade. A confusão doutrinal foi comum mundialmente, com destaque, no Brasil, para sua figura prática: a teologia da libertação.

A teologia da libertação, que encontrou em Frei Leonardo Boff, franciscano, um dos mais destacados expoentes, surgiu em meio à confusão doutrinária que se espalhou pelo catolicismo brasileiro na década de 1960. O recurso a categorias marxistas na teologia foi inaugurado pelo Padre José Comblin, belga radicado no Brasil, que publicou, em 1970, seu livro *Teologia da revolução*. Em 1972, o então Frei Leonardo Boff escreveu *Jesus Cristo libertador*. A partir de então, o crescimento da teologia da libertação foi vertiginoso, arrasando grande parte do tradicional catolicismo brasileiro. As paróquias, as ordens religiosas, a maior parte da Igreja no Brasil pareciam tomadas por agentes que pregavam contra sua doutrina e contra suas tradições. O alvo foram as comunidades eclesiais de base (Cebs): o ataque à religião sempre começa pela desinformação dos menos estudados.

Importante!

As comunidades eclesiais de base são parte da Igreja católica que tem como elemento comum a realização de celebrações dominicais por leigos. Sua gestão baseia suas decisões em assembleia geral e combina a reflexão sobre as escrituras com a ação da sociedade. A existência das Cebs está atrelada às diretrizes que norteiam a Igreja desde o Concílio Vaticano II. Uma delas é a ideia da formação de pequenas comunidades nas quais o leigo ganha maior participação. A América Latina foi pioneira na implantação dessa forma de comunidade, cujo ponto de partida foi a II Conferência dos Bispos da América Latina, em 1968. Nessa reunião, foi decidido que as Cebs seriam a base da pastoral. Nessa opção de forma comunitária, desenvolvem-se a teologia da libertação e o direcionamento dos objetivos pastorais de modo a ligarem-se com as causas populares. No Brasil do período de regime militar, as Cebs se tornaram palco de atividades políticas, sem nunca deixarem de ser espaços religiosos.

A teologia da libertação foi objeto de dois documentos da Congregação para a Doutrina da Fé: as instruções *Libertatis nuntius* e *Libertatis conscientia*. As duas instruções procuraram fazer a distinção entre a justa e católica preocupação com a conversão das estruturas econômicas e a marxistização da teologia. A teologia da libertação, para ser plenamente católica, deve caminhar na trilha da tradição da Igreja, rejeitando o recurso ao marxismo e a outras ideologias incompatíveis com a fé, preceitos condenados pelos papas Pio IX, Leão XIII, São Pio X, Pio XI, Pio XII e chegando até João Paulo II. Este último, inclusive, viveu na Polônia as dificuldades desse sistema incompatível com o catolicismo.

Nesse contexto, os documentos da Santa Sé não condenam a expressão *teologia da libertação* como um bloco, exigindo a distinção entre um caminho fiel à tradição da Igreja e os que se misturam com ideologias materialistas. Em vista dessa diferença, cada caso interno da Igreja teve de ser investigado para não tachar todos os eventos sociais de liberacionistas.

A teologia da libertação – ou do tipo de "teologia da libertação" – que se tornou mais famosa, apoiada em paradigmas do marxismo, secularizante, de que foi representante, no Brasil, o ex-frade Leonardo Boff, foi condenada pela Congregação para a Doutrina da Fé e pelo próprio Papa João Paulo II, em sua carta aos bispos da Conferência Episcopal dos Bispos do Brasil, em 1986.

No campo universitário, o Estado, sobretudo a partir do regime militar, fundou diversas universidades federais. A Igreja, por sua vez, também inaugurou uma série de faculdades católicas, algumas das quais se tornaram universidades pontifícias. Especial empenho pôs a Igreja na criação de escolas de serviço social, cujo propósito era capacitar leigos com doutrina e técnica, a fim de, nas realidades sociais em que fossem trabalhar, difundissem o espírito evangélico de harmonia social e caridade, concretizando-o em obras de promoção humana e cristã.

Em pouco tempo, essas diversas escolas de serviço social, presentes nas capitais e nas cidades mais importantes, foram paulatinamente federalizadas ou integradas às novas universidades católicas e, de modo geral, tomadas ideologicamente pelo marxismo, abandonando o ensino da doutrina social da Igreja.

Um elemento que se modificou foi a Ação Católica, uma vez que nela aconteceram disputas entre as linhas laicas de pensamento. A mudança de 1945, que formou a figura do laico na evangelização, assumiu um ponto central dos debates da hierarquia, visto que não se tratava de discussões sobre as relações entre os leigos e a hierarquia na tarefa do apostolado, pois envolveram a própria concepção do sagrado e do profano.

Os bispos e seus cooperadores, os sacerdotes, têm como papel assegurar a presença ostensiva do sagrado no mundo e garantir firmemente o ensino sobre a fé e a moral, além de agir na ampla gama de matérias mistas civis e religiosas, como a educação e a família. O campo do laical, ou leigos, desde que formados adequadamente, deveriam proceder de modo autônomo, escolhendo os métodos, as estratégias e as soluções, sempre com vistas à glória de Deus e à salvação das almas, como objetivo último, nos campos político e social próprios dos leigos.

Esse período da Igreja foi visto como a laicização do clero, acompanhada da clericalização do leigo, apesar de a fé popular ter mantido, por muito tempo, o leigo como ponte com a Igreja.

O debate sobre a Ação Católica foi, nesse período, exatamente centrado nessa máxima. Os leigos assumiram diversas posições, entre as legítimas, mas não podiam reclamar para si a autoridade e a chancela da hierarquia. A clericalização do leigo e a secularização do clero foram as tendências majoritárias nos debates sobre a Ação Católica, assinalada pela assimilação das linhas de atuação da Ação Católica pela CNBB na década de 1950.

A elevação do apostolado dos leigos ao nível da hierarquia pela colaboração e chancela oficiais tornou-se o paradigma da atuação deles na sociedade civil. A nosso ver, os grupos de laicos se tornaram equivalentes à Ação Católica, passando a ser considerados como um modelo mais elevado de apostolado leigo e de predileção do papa.

A reforma da Ação Católica Brasileira em 1945 representou não apenas um rearranjo interno, mas também a atuação externa do movimento. O que mudou foi o entendimento sobre sua identidade e seu lugar na evangelização. Nesse contexto, implantaram-se cinco "especializações", isto é, "mundos" que a Ação Católica deveria evangelizar com sua presença: o mundo agrário, o mundo dos estudantes secundaristas, o mundo operário, o mundo universitário e o mundo "independente". A influência social da Ação Católica Brasileira também a tornou alvo de políticos e de militantes que buscavam infiltrar-se nela visando a autopromoção e a imposição das próprias ideias políticas e sociais, mesmo que distantes da doutrina da Igreja, quando não abertamente contrárias a ela. Observamos, portanto, um desvio ideológico dos grupos da Ação Católica.

Os temas das publicações e das semanas de estudo passavam a ser dirigidos para as questões políticas e sociais, chegando a acontecer um esvaziamento da formação espiritual, apologética e teológica. Portanto, constatamos que os grupos da Ação Católica se afastavam frequentemente da doutrina e da prática da Igreja e se aproximavam de métodos e mentalidades revolucionários, marxistas em sua maioria.

A ligação dos membros com o comunismo cresceu, até o momento que, em 1966, a Juventude Universitária Católica e a Juventude Estudantil Católica desligaram-se da hierarquia, a qual não pode mais tolerar a infiltração partidária nos grupos da Ação Católica.

Os estudantes passaram, em 1971, a se definir como *leninistas-marxistas*. Outros grupos estudantis surgiram, mas não foram mais apoiados pela hierarquia. O desgaste também foi visto na educação do período. Com o início da redemocratização, os desafios do clero eram os mesmos de todos que passavam pelo mundo pós-conciliar e imerso na guerra assimétrica, ou fria. O totalitarismo comunista era real e sempre foi, de uma forma ou de outra, uma guerra cultural.

6.3 A Igreja e a democracia

O catolicismo brasileiro sofreu, na segunda metade do século XX, um período de crise aguda, com a proliferação de contestações à autoridade da Igreja no meio do próprio clero, o abandono e diminuição de vocações e o afastamento dos leigos da vida sacramental. Apesar disso, o fim do século XX anunciou uma retomada da vida católica no país, com o surgimento de novos grupos e a revitalização de antigas instituições. Os papas deram especial atenção ao Brasil, maior país católico do mundo, e grande parte da juventude voltou para a Igreja em busca de direção moral e sentido para a vida.

Com o fim do regime militar, outro tema precisou ser debatido: a renovação saudável da missão da Igreja. O crescimento do protestantismo não parou. No campo católico, a Renovação Carismática Católica (RCC) espalhou-se, utilizando de estética próxima à dos movimentos protestantes chamados *pentecostais*. A presença da RCC permitiu uma resistência católica entre o povo mais necessitado, que, em razão da influência secularizante do progressismo, encontrava-se largamente sem atenção espiritual e sofrendo uma maciça ação da propaganda de outras confissões.

Relembramos, neste ponto, a construção do *campus* da Pontifícia Universidade Católica no Rio de Janeiro, ocorrida com a ajuda dos católicos da Alemanha e dos Estados Unidos. Instituições como Caritas, Adveniat e Misereor realizaram campanhas internacionais de arrecadação de fundos que lograram enviar ao Brasil vultosas somas, utilizadas em projetos pastorais e sociais.

As décadas de 1970 e de 1980 presenciaram uma crise intensa, em que a criatividade tomou o espaço do sagrado, e os abusos litúrgicos tornaram-se uma constante. A missa foi desfigurada, tornando-se um encontro de assembleia de cristãos, motivo pelo qual muitos aderiram ao protestantismo. A falta de entendimento da liturgia e da eucaristia facilitou a visão pessoal de que outra confissão de fé cristã é a mesma que a católica. Nos grupos mais pobres e na classe média, ocorreu esse abandono do sacramento e do catolicismo. O espiritismo crescia impulsionado pelos movimentos positivistas e, nos anos 1980, seria espalhado na mídia televisiva por meio de telenovelas.

João Paulo II manifestou grande apreço pelo Brasil, demonstrado em suas visitas ao país. Em 1980, logo depois de sua eleição, quando, inclusive, confirmou a beatificação de José de Anchieta. Em 1997, quando presidiu o II Encontro Mundial do Papa com as Famílias.

Bento XVI acompanhou essa afinidade com o Brasil e esteve, em 2007, em sua primeira visita apostólica à América. Durante essa visita, canonizou Santo Antônio de Sant'Ana Galvão, firmando com a República um estatuto jurídico da Igreja no país e fechando um vazio existente no campo jurídico das relações entre Igreja e Estado. No preâmbulo do acordo consta: "cada uma na própria ordem, autonomias, independências e soberanias" (Brasil, 2010).

Em 2013, a visita do Papa Francisco para a Jornada Mundial da Juventude representou a primeira visita do pontífice eleito naquele ano ao Brasil, que o fez substituindo Bento XVI, que havia renunciado por causa da idade ao posto de papa.

Em 2014, o Brasil celebrou a elevação aos altares de José de Anchieta depois de uma longa espera, ocasionada pelos eventos que estudamos nos capítulos anteriores. A importância espiritual do jesuíta que ajudou a moldar o catolicismo, a cultura e a história do Brasil foi, portanto, reconhecida.

Em 2019, outra figura nacional da Igreja recebeu a canonização – Irmã Dulce –, que passou a ser chamada de *Santa Dulce dos Pobres*. A freira baiana, desde o início de seus votos, trabalhou com os grupos mais carentes de sua região e, usando apenas as palavras como moeda, conseguiu convergir os diversos grupos sociais sobre a importância da caridade e da misericórdia para com o próximo. Com essa luta, conseguiu abrir centros de apoio médico e social.

Irmã Dulce debruçou-se nas causas sociais sem nunca deixar de pensar na fé e na salvação das almas. Conseguiu, com a simplicidade de seus pedidos, ajudar os mais necessitados e, por isso, recebeu a indicação ao prêmio Nobel da Paz, em 1988.

As figuras desses dois novos santos são o o exemplo da Igreja no Brasil porque trazem a evangelização e a caridade em suas vidas: seja nas obras de auxílio, seja nas de educação.

6.4 A Igreja e as questões sociais

O fim do governo getulista, em 1945, trouxe uma nova fase à questão social brasileira em decorrência de fatores econômicos vindos do interior e do exterior. O governo de Getúlio Vargas havia conseguido manter em sua diplomacia os sindicatos e os grupos comunistas que insuflavam instituições, modificando o panorama do operariado brasileiro. Finalmente, o fenômeno da urbanização deslanchou no Brasil, mas, por ser rápido e repentino, foi desorientado, transformando as cidades brasileiras em bolsões de "proletarização", o mesmo problema que as cidades europeias tiveram no século XIX o Brasil enfrentou no século XX. Nesse contexto, a miséria ganhou espaço no entorno e dentro das cidades.

Por isso, o século XX foi marcado, no Brasil, pelos esforços da Igreja para auxiliar todos os tipos de comunidades para que a pobreza não se desviasse os indivíduos da fé, pelo crime, pelos vícios, ou mesmo pelos pensamentos ideológicos contrários aos dogmas da Igreja.

O século XX trouxe desafios contra outros tipos de ideologias que pregavam o aborto, a eutanásia e a desumanização das relações sociais. Todos esses desafios fazem parte também do cotidiano do clero nessas primeiras décadas do século XXI.

A era da informação, que nasceu a partir dos anos 2000, ainda é um período no qual os desafios da Igreja continuam sendo a evangelização e a manutenção da fé. Os meios digitais chegaram trazendo um instrumento importante para a divulgação da Palavra de Deus: a facilidade de acesso a conteúdo teológico nunca foi tão dinâmica. Contudo, a facilidade da desinformação também acompanha as melhorias no ensino do catolicismo.

A maneira de evitar que o erro oblitere os ensinamentos da Igreja é a instrução e a unidade da hierarquia. A CNBB acompanha os avanços tecnológicos da informação criando e estimulando a produção de conteúdo devidamente alinhado aos dogmas católicos. A transmissão de informação também auxiliou o episcopado brasileiro na questão centenária das distâncias do Brasil. A facilidade das videoconferências e das ferramentas de correios eletrônicos são alinhadas para a evangelização.

Como a industrialização concentrou-se nas Regiões Sul e Sudeste do país e deixou as Regiões Norte e Nordeste à míngua, houve uma migração intensa em busca de trabalho. Desde os primeiros momentos, a Igreja Católica foi, no Brasil, a principal fornecedora de serviços sociais por meio das ordens religiosas, das irmandades de leigos, e das dioceses diretamente. Durante essa encruzilhada social do país nos meados do século XX, novamente foi a Igreja que manteve, por diversas vezes, os serviços básicos de saúde e de assistência social, englobando o auxílio a doentes, idosos, gestantes, órfãos, famílias em estado de miséria e de necessidades.

Todos esses serviços são realizados por meio do direcionamento de clérigos e leigos, cujo trabalho voluntário criou centros de apoio aos mais necessitados. Hospitais, abrigos e centros educacionais bancados pela Igreja, comunidade e patronos têm sua fundação nessa atitude do clero em amenizar a carência de auxílio estatal que o Brasil apresenta nos séculos XX e XXI.

A caridade tradicional foi tachada pelos progressistas, de maneira negativa, como paternalista. Tal discurso foi marcado pelo fundo ideológico da doutrina da luta de classes, pensamento criticado desde Leão XIII, o qual acreditava não na luta, mas "na concordata das classes" (Leão XIII, 1891). Os progressistas, inclusive uma parcela do clero alinhada à visão marxista da teologia da libertação, queriam que a tensão social aumentasse para fortalecer seu poder sobre as massas, por isso insistiam em afirmar que a Igreja não deveria fazer caridade, nem incentivá-la, tampouco deveria ensinar a doutrina tradicional, que era tida como alienante.

Na visão ideológica desses grupos, a Igreja deveria promover o conflito para estimular os oprimidos a se libertarem. A nosso ver, essa visão revolucionária e utópica tentava realizar o que dizia a encíclica *Rerum novorum*, do Papa Leão XIII, escrita em 1891, a respeito dos direitos dos trabalhadores. O papa avisa para não seguir aqueles que pretendiam ser possível instalar o céu na terra por meio do conflito da revolução Leão XIII, 1891). Um ponto que facilita a visão revolucionária se sobrepor à sã doutrina é o abandono da catequese dentro das diretrizes da Igreja. Quando aplicada sem esse parâmetro, a doutrina católica é substituída pela prática que visa treinar para a revolução e para estimular somente a "consciência crítica", algo que arrefece a caridade tradicional – constantemente tida como empecilho para a "tomada de consciência" dos explorados.

Para refletir

O Papa João Paulo II, em seu discurso na Conferência aos Bispos do Brasil, em 1986, explicou sobre a verdadeira liberdade em Cristo, a qual se divide em duas dimensões constitutivas da libertação: quer no nível da reflexão, quer em sua práxis, a libertação é, antes de tudo, soteriológica (um aspecto da Salvação realizada por Jesus Cristo, Filho de Deus) e, depois, ético-social (ou ético-política). Reduzir uma dimensão à outra – suprimindo-as praticamente a ambas – ou antepor a segunda à primeira é subverter e desnaturar a verdadeira libertação cristã (João Paulo II, 1986).

A preocupação do pontífice de que a doutrina da Igreja seja subvertida é uma constante na história da Igreja. Atualmente, no Brasil, existe esse fenômeno? Procure pesquisar por meio das mídias e dos membros de sua comunidade a existência de fatos sobre a utilização modificada da doutrina social da Igreja e reflita sobre a questão.

Outro problema para a Igreja trazido pela questão social ao Brasil foi o avanço de outras confissões de fé e a saída de católicos para outras denominações cristãs. O crescimento do pentecostalismo está associado, a nosso ver, às seguintes questões: deficiência da catequese católica nas paróquias – agravada, em grande parte, pelo analfabetismo ainda presente em grupos mais carentes; e problema recorrente, no Brasil, do abandono dos fiéis por falta de clérigos.

De acordo com Alencar (2019), outro motivo seria a politização das homílias, que deixam de lado a espiritualidade católica das celebrações (como a missa), enquanto os protestantes, apesar de todos os problemas teológicos, mantêm a espiritualidade cristã.

A exacerbação do aspecto político nas celebrações, como mencionamos, afastou muitos fiéis que procuravam a simples oração para apaziguar momentos difíceis, ou visualizavam, nas missas, receber um esclarecimento sobre passagens do evangelho. Contudo, era quase impossível um clérigo não tocar em temas sociais, pois era algo que circulava há tempos na sociedade política brasileira dos anos 1960 em diante.

A Igreja realizou ações importantes para a manutenção de seu trabalho evangelizador no Brasil, entretanto, todas as ideias que circulam sobre a melhoria das condições sociais não são pensamentos de esquerda ou comunistas, mas, muitas vezes, necessários para parte do clero e da sociedade observarem se os movimentos pelo social não pretendiam fugir da ação prática de caridade para criar uma doutrinação contra a sociedade, a nação e até a Igreja.

A Igreja deve discutir e promover, com seu prestígio, as iniciativas, nem que sejam somente reflexivas, de melhoria social no Brasil. A crítica que, historicamente, deve ser anotada sobre a organização está nas campanhas da fraternidade, que estimularam muitas ações de melhoria, no entanto contribuíram também para, em diversos lugares, substituir a pregação quaresmal de oração e penitência por campanhas com temas políticos e sociais. Apesar desses momentos de aproximação de ideias não ligadas à missão da Igreja, a CNBB, por meio das campanhas de fraternidade, realizou movimentações importantes contra a destruição da família, o uso de drogas, o aborto etc. Cada época teve uma ênfase diferente nas ações da CNBB: renovação interna da Igreja e renovação do cristão; preocupação da Igreja católica com a realidade social do povo (Concílio Vaticano II, Conferência de Medellín e Conferência de Puebla) e atual Igreja Católica voltada para situações vividas pelo povo brasileiro.

6.5 A Igreja e a ecologia

Os temas da ecologia, do meio ambiente e da sustentabilidade tomaram lugar nas discussões com mais intensidade na sociedade política nos últimos dez anos. Podemos observar que se trata de uma constante no âmbito mundial, visto que existe, inclusive, uma ação de parte da sociedade de transformar essa preocupação em uma ação radical. No Brasil, as Campanhas da Fraternidade apresentaram, pelo menos quatro vezes, temas relacionados com a preocupação ecológica.

A reflexão sobre a ecologia parece distante do entendimento da religião, porém não é, porque esse tema pode, a nosso ver, ser utilizado para legitimar atividades fora do âmbito moral e ético cristão. Em outras palavras, talvez exista a possibilidade de transformar a ação necessária de proteção ambiental em uma ação radical que pode ocasionar uma santificação da natureza ao ponto de ser intocável, em vez de pensar a natureza como um elemento da criação de que a humanidade pode fazer uso com sabedoria para manter sua existência até o juízo final.

Nos três últimos pontificados, notamos a preocupação dos papas em comentar ou delimitar as bases do procedimento dos fiéis em relação aos problemas atuais relacionados à poluição e ao uso incorreto dos recursos naturais. Consideramos que esses temas podem ser direcionados de maneira equivocada ou contrária ao que há de mais humano.

A cultura da morte, citada por João Paulo II na encíclica *Evangelium vitae* (João Paulo II, 1995), pode receber uma nova compreensão na temática da ecologia, a qual podemos denominar *ecologismo*. Em outras palavras, uma ideologia que poderia colocar o homem abaixo da natureza, uma vez que se pode orientar a contracepção pela manutenção do meio ambiente.

Por isso, consideramos que a Igreja deve olhar essa questão com o cuidado da doutrina, para que seja tratada e resolvida sem tornar-se outra ideologia anticristã. O pontificado de Francisco trouxe esse tema à tona, que já existia nas reflexões de João Paulo II e de Bento XVI. João Paulo II fala do consumo sem perspectivas de futuro e Bento XVI comenta que o homem também é natureza. Na encíclica *Laudato si'*, de 2015, a questão ecológica ganha amplitude mundial.

O Santo Padre desenvolve a ideia de *casa comum* e relaciona a degradação do ambiente à degradação social, estabelecendo uma ligação entre o corpo humano e o ambiente, lembrando que sua degradação é, na verdade, uma degradação da dignidade humana (Francisco, 2015).

O homem tem o direito de usufruir da natureza, contudo, a cultura do descarte, como referida por Francisco na encíclica *Laudato si'* (Francisco, 2015), pode causar o desvio de sua utilização. A degradação do meio ambiente traz emigração, pobreza e doença. A vida é ameaçada pela degradação, entretanto podemos ter a vida ameaçada para evitar a degradação. Uma ação predatória é o mesmo que a destruição da criação de Deus, entregue ao homem para ser cuidada, usada, mas respeitada.

Em suma, a degradação ambiental é a degradação humana e social, portanto a abordagem ecológica na Igreja deve ser social e cristã. A encíclica pretendeu provocar a reflexão para as gerações futuras evitarem que a especulação financeira destrua o meio ambiente e a dignidade humana. O convite bíblico para a vida na Terra não é um convite para explorá-la de modo a esgotá-la, porque a natureza é parte da criação, e não algo que precisa ser dominado.

As criaturas nos foram entregues para serem tutoreadas, por isso a ganância e o controle desenfreado somente podem ser evitados com a lembrança do Pai criador e único dono do mundo. A ligação entre natureza e homem deve ser transcendental. Todo o desenvolvimento do século XX trouxe ao ser humano um poder inigualável sobre o mundo material, e não apenas os totalitarismos, como fascismo, nazismo, comunismo, mas também o capitalismo atual das grandes corporações tentou separar o homem de Deus. A nosso ver, o ecologismo também pode tentar fazê-lo.

Por isso, a Igreja deve participar nesse campo para guiar os fiéis. A CNBB, com base nessa admoestação do pontificado de Francisco, deveria valer-se da temática ecológica para provocar nos leigos a reflexão sobre a importância da criação de Deus para nossa existência. A Amazônia, por exemplo, foi tema da Campanha da Fraternidade em 2007, prevendo a necessidade de a Igreja abordar esses tópicos da sociedade para guiá-la na linha cristã de soluções.

Em 2017, tendo Francisco como espelho, os biomas foram tratados pela Campanha da Fraternidade, mostrando que a Igreja deve acompanhar a discussão da sociedade não somente para ter peso político, mas também porque está no mundo e deve guiar o homem até o juízo final. Em outras palavras, a Igreja deve considerar que, passando por todos os problemas e observando se eles não são utilizados para desviar o cristão da fé e da salvação; todos os esforços são válidos para que as almas não se percam por falta de instrução.

Síntese

Neste capítulo, abordamos como a Igreja no Brasil presenciou uma mudança importante em sua estrutura após o falecimento de Dom Sebastião Leme. A falta de uma liderança foi um dos motivos para a criação da CNBB, entidade que preencheu a necessidade de auxílio aos bispos em temas que não teriam como tecer uma opinião sólida por si, uma vez que muitos não teriam tempo para o estudo aprofundado ou imediato em certos tópicos. A CNBB surgiu para falar pelos bispos sobre temas sociais e nacionais, sem ser uma estrutura da hierarquia, sediada na capital federal, primeiro, no Rio de Janeiro e, depois, em Brasília.

Ainda esclarecemos que a Igreja teve de lidar com questões como a introdução do divórcio e o surgimento da teologia da libertação, bem como que o comunismo não deixou de ser condenado pela hierarquia brasileira por seu caráter ateísta e materialista. A confusão doutrinal foi comum mundialmente, e a teologia da libertação foi considerada como um braço, no Brasil, dessa guerra assimétrica na cultura. Como vimos, o movimento foi condenado pelo Papa João Paulo II, por seu materialismo e antropocentrismo.

Por fim, tratamos da relação da Igreja com a questão da ecologia, adicionada ao rol de temas recorrentes das falas da Igreja, por ser um tópico que pode ser utilizado na promulgação da desumanização da sociedade e continuar a manter a "cultura da morte", denunciada por João Paulo II em seu pontificado. Apontamos, ainda, que o Papa Francisco, na atualidade, deu mais ênfase a essa questão por meio de suas encíclicas, apoiado na tendência mundial de alertar o mundo sobre a utilização correta dos recursos naturais entregues à tutela do homem por Deus. Nesse contexto, como apontamos, a Igreja, na figura da CNBB, realizou Campanhas da Fraternidade admoestando sobre a ecologia, não por ser ativista ambiental, mas por saber que ali pode se esconder uma possibilidade de atacar a fé e a dignidade humana.

Atividades de autoavaliação

1. O falecimento de Dom Sebastião Leme provocou a falta de uma liderança para a hierarquia nacional. O contexto dessa lacuna facilitou o surgimento de qual entidade?
   a) Liga Eleitoral Católica.
   b) Partido Cristão Brasileiro.
   c) Ação Católica.
   d) Conferência Nacional dos Bispos do Brasil.
   e) Centro Nacional Dom Vital.

2. O comunismo é um dos movimentos ideológicos mais condenados pela Igreja. No Brasil, qual dissidência teológica pode ser considerada como representante dessa visão materialista e ateísta?

a) Liga da Boa Imprensa.

b) Juventude marxista.

c) Teologia da revolução.

d) Teologia do corpo.

e) Teologia da libertação.

3. Assinale a alternativa que indica o motivo das críticas à Campanha da Fraternidade da CNBB:

a) Aumento dos custos para realizar os debates.

b) Falta de incentivo à criação de líderes na Igreja.

c) Transformação de assessores em guias do povo.

d) Total desligamento das campanhas com o pensamento católico.

e) Visão de que elas substituem a reflexão quaresmal.

4. Assinale a alternativa que indica a importância do debate sobre ecologia na Igreja:

a) É importante para a imagem política da Igreja.

b) A natureza é mais importante do que o transcendental.

c) A formação atual dos clérigos é voltada para a natureza.

d) A visão papal atual é centrada em São Francisco, padroeiro da natureza.

e) O tema pode ser usado contra a fé e a dignidade das pessoas.

5. Assinale a alternativa **incorreta** com relação aos fatores que promulgaram o desenvolvimento de outras confissões de fé no Brasil:

   a) Insuficiência de atenção dos sacerdotes ao lado espiritual da missão.

   b) Deficiência das catequeses.

   c) Pregações de cunho puramente político-social.

   d) Exacerbação da consciência crítica sobre a orientação espiritual.

   e) Aumento da população campesina.

Atividade de aprendizagem

Questões para reflexão

1. Como o católico pode participar dos debates sociais e políticos sem perder o ideal evangélico da salvação das almas? Elabore um texto escrito com suas conclusões e compartilhe-as com seu grupo de estudo.

2. Leia as encíclicas *Evangelium vitae* e *Laudato si'* e anote os pontos comuns desses textos. Com base em sua análise, elabore um texto escrito com suas reflexões sobre a cultura da morte e a cultura do descarte. Compartilhe o texto com seu grupo de estudo.

Atividade aplicada: prática

1. Faça uma pesquisa entrevistando párocos e leigos para descobrir como a liturgia mudou desde o fim do Regime Militar. Com base nas respostas, elabore um quadro com as principais mudanças. Escreva um breve comentário sobre cada uma e apresente suas conclusões a seu grupo de estudo.

Considerações finais

Encerramos nossa abordagem sobre a Igreja no Brasil ressaltando que o início da hierarquia e da fé católicas em nosso país acompanham os grandes movimentos da Igreja em cada época, apesar dos desafios, desde o início, como o tamanho do território, tão grande quanto a fé católica e sua manutenção até estes dias.

Inicialmente, destacamos que os movimentos de proteção da cristandade durante as Cruzadas proporcionaram a criação da Ordem de Cristo e estimularam as navegações, ambas imbuídas do espírito da evangelização e da defesa do catolicismo. A chegada ao Brasil acompanhou o descobrimento das Américas e, por isso, foi uma novidade histórica, como foi também a criação de uma hierarquia da Igreja no Novo Mundo, afinal a posse divina da terra pela Ordem de Cristo foi concretizada pelo ato simbólico da Santa Missa.

Também tratamos da hierarquia e da evangelização dos povos como parte de um objetivo de tornar o Brasil uma civilização cristã, espelhada em Portugal. A monarquia portuguesa trouxe a Companhia de Jesus para formar o clero e iniciar a catequização dos nativos, e os jesuítas inovaram a evangelização durante o período das reformas protestantes. Sua atuação entre os povos desconhecidos do Brasil foi um marco para a Igreja no Brasil e no mundo, ainda mais com a vinda de José de Anchieta e de Manuel da Nobrega, que fizeram o ideal jesuíta de uma civilização católica ganhar contornos reais: os indígenas, os portugueses e, depois, os nascidos no Brasil foram construindo uma religiosidade popular única.

Buscamos demonstrar como a hierarquia estruturou-se durante o movimento de independência e da criação do Império do Brasil. As questões do padroado e o crescimento de grupos laicos anticlericais tomaram o panorama teológico e intelectual dos membros da Igreja, e a manutenção do clero independente passou pela discussão da Constituição imperial. Outro ponto importante foi a defesa da Igreja perante as sociedades secretas e o desenvolvimento de uma diplomacia com a nova Corte imperial, que era ambígua em várias questões ligadas à Igreja.

Explicamos, ainda, a Questão Religiosa, crise que fez despontar nomes como Dom Vital e Dom Antônio contra a maçonaria nacional daquele contexto. O pensamento social do Papa Leão XIII, que chegou ao Brasil para ajudar a concretizar a abolição da escravidão, e a maneira como a libertação dos escravos acompanhou a liberdade da hierarquia também foram tratados no capítulo. O pensamento liberal que existia no governo do Império e, depois, na República forçou o clero a entrar nos debates da sociedade política. O fim do padroado e do regalismo possibilitou a emancipação do clero ao ponto de poder realizar sua defesa contra a possibilidade de a Constituição de 1891 criar dispositivos anticlericais.

Na sequência, abordamos um tema recorrente para a Igreja nos séculos XIX e XX: a questão de sua separação do Estado. Um movimento que não era apenas uma divisão de instituições, pois a separação ficou atrelada a uma ideologia de perseguição ao clero e à Igreja. O catolicismo volta, no período republicano, aos lugares públicos, ao mesmo tempo que deveria conviver com as demais formas de confissões cristãs e outras religiões diversas. A participação dos leigos cresceu muito, ajudando a Igreja a continuar realizando sua missão. Foi uma época marcada pelo surgimento de lideranças como Frei Pedro Sinzing, Padre Júlio Maria, Padre Desidério Deschand, Dom Macedo Costa e Dom Sebastião Leme. A eficiência da Ação Católica e da Liga Eleitoral estava em seu ideal de reivindicação, e a Constituição de 1934 recuperaria até o nome de Deus em seu preâmbulo. A primeira metade do século XX foi um dos momentos mais frutíferos para a Igreja no Brasil.

Por fim, apontamos os pontos mais importantes da história da Igreja no Brasil a partir da metade do século XX. Explicamos os motivos para a criação da Conferência Nacional dos Bispos do Brasil (CNBB), como ela encurtou as distâncias e facilitou o posicionamento dos bispos sobre assuntos sociais diversos. Indicamos como a Igreja atravessou os períodos políticos do século XX no Brasil e como, apesar das contestações à autoridade da Igreja no meio do próprio clero, do abandono e da diminuição de vocações, o fim do século XX anunciou uma retomada da vida católica. As Campanhas da Fraternidade promovidas pela CNBB abordaram os temas mais diversos sob uma perspectiva católica, entre eles, os problemas sociais e a ecologia.

Como vimos, a Igreja no Brasil é parte integrante da cultura e da história de nosso país, e a sua hierarquia enfrentou os mesmos desafios que a Igreja ao redor do mundo teve de atravessar em sua missão de evangelização dos povos. Atualmente, a Igreja continua sua missão acompanhando seus fiéis na jornada até o Juízo Final.

Referências

ABREU, J. C. de. **Capítulos de história colonial.** Brasília: Senado Federal, 1998.

ALENCAR, F. L. **História da Igreja no Brasil.** Curitiba: InterSaberes, 2019.

ANCHIETA, J. de. **Auto representado na Festa de São Lourenço.** Rio de Janeiro: Serviço Nacional de Teatro – Ministério da Educação e Cultura, 1973.

ARRUDA, C.; BORGES, L. Aspectos jurídicos do regalismo no Brasil imperial. **Revista Brasileira de História do Direito,** v. 4, n. 1, p. 87-101, 2018.

AZEVEDO, L. de. **Os jesuítas no Grão-Pará:** suas missões e a colonização. Lisboa: Tavares & Irmão, 1901.

BALEEIRO, A. **A coleção das constituições brasileiras.** Brasília: Senado Federal, Subsecretaria de Edições Técnicas, 2012.

BRASIL. Constituição (1824). **Coleção de Leis do Império do Brasil,** p. 7, v. 1. Disponível em: <http://www.planalto.gov.br/ccivil_03/constituicao/constituicao24.htm>. Acesso em: 10 jan. 2023.

CARNEIRO, J. M. **O catolicismo no Brasil.** Petrópolis: Vozes, 1950.

CLEMENTE XIV, Papa. **Dominus ac redemptor**. Roma, 21 jul. 1773. Disponível em: <https://www.vatican.va/content/clemens-xiv/it/documents/breve-dominus-ac-redemptor-21-luglio-1773.html>. Acesso em: 10 jan. 2023.

CNBB – Conferência Nacional dos Bispos do Brasil. **Plano de emergência para a Igreja no Brasil**. São Paulo: Paulinas, 1963. (Cadernos da CNBB, n. 1).

COSTA, E. V. da. **A abolição**. 9. ed. São Paulo: Ed. da Unesp, 2010.

COSTA, P. P.; LENCART, J. As igrejas das ordens religioso-militares entre 1220 e 1327: das inquirições regias aos documentos normativos. In: Conferência Internacional Genius Loci: lugares e significados, 2016, Porto. **Anais...** Porto: Citcem, 2017. p. 57-69. v. 1. Disponível em: <https://repositorio-aberto.up.pt/bitstream/10216/118890/2/264526.pdf>. Acesso em: 10 jan. 2023.

FERREIRA, T. L. **A Ordem de Cristo e o Brasil**. São Paulo: Ibrasa, 1980.

FERREIRA, T. L. **Padre Manoel da Nobrega**. São Paulo: Saraiva, 1957.

FRANCISCO, Papa. **Laudato si'**. Roma, 24 maio. 2015. Disponível em: <https://www.vatican.va/content/francesco/pt/encyclicals/documents/papa-francesco_20150524_enciclica-laudato-si.html>. Acesso: 10 jan. 2023.

FRANCO, A. **Vida do admirável Padre José de Anchieta**: thaumaturgo do Novo Mundo. Rio de Janeiro: Livraria-Luzo Brasileira, de João Lopes da Cunha, 1898. Disponível em: <https://digital.bbm.usp.br/view/?45000008587&bbm/3856#page/40/mode/2up>. Acesso em: 10 jan. 2023.

FREITAS, C. C. Um santo Jesuíta no Brasil. In: SIMPÓSIO NACIONAL DE HISTÓRIA, 24., 2011, São Paulo. **Anais...** São Paulo: ANPUH, 2011.

GAMA, J. B. da. **O Uraguay**. Lisboa: Na Regia Officina Typografica, 1769. Disponível em: <https://digital.bbm.usp.br/handle/bbm/4357>. Acesso em: 10 jan. 2023.

GUILLERMOU, A. **Santo Inácio de Loyola e a Companhia de Jesus**. Rio de Janeiro: Agir, 1973.

HEGEL, G. W. F. **A fenomenologia do espírito**. Petrópolis: Vozes, 2002.

HEULHARD, A. **Villegagnon**: roi d'Amérique, un homme de mer au XVIe siècle (1510-1572). Paris, France: E. Leroux, 1897.

HOORNAERT, E. **A igreja no Brasil-colônia**: 1550-1800. 2. ed. São Paulo: Brasiliense, 1984.

JOÃO BATISTA HAFKEMEYER, Padre. **A supressão da Companhia de Jesus.** Petrópolis: Vozes, 1916.

JOÃO PAULO II, Papa. **Carta do papa João Paulo II aos bispos da Conferência Nacional Episcopal dos Bispos do Brasil.** Vaticano, 9. abr. 1986. Disponível em: <https://www.vatican.va/content/john-paul-ii/pt/letters/1986/documents/hf_jp-ii_let_19860409_conf-episcopale-brasile.html>. Acesso em: 10 jan. 2023.

JOÃO PAULO II, Papa. **Evangelium vitae.** Roma, Dicastero per la Comunicazione, Libreria Editrice Vaticana, 25 mar. 1995. Disponível em: <https://www.vatican.va/content/john-paul-ii/pt/encyclicals/documents/hf_jp-ii_enc_25031995_evangelium-vitae.html>. Acesso em: 10 jan. 2023.

JÚLIO MARIA, Padre. **O catolicismo no Brasil:** memória história. Rio de Janeiro: Livraria Agir Editora, 1950. Disponível em: <https://portalconservador.com/livros/Pe-Julio-Maria-O-Catolicismo-no-Brasil.pdf>. Acesso em: 10 jan. 2023.

KORNIS, M. **Liga Eleitoral Católica.** Centro de Pesquisa e Documentação de História Contemporânea do Brasil – Fundação Getúlio Vargas. Disponível em: <http://www.fgv.br/cpdoc/acervo/dicionarios/verbete-tematico/liga-eleitoral-catolica-lec>. Acesso em: 10 jan. 2023.

LA CIERVA, R. **Jesuitas, iglesia, marxismo 1965-1985:** la teología de la liberación desenmascarada. Madrid: Universidade Alcala, 1986.

LACOMBE, A. J. **Ensaios brasileiros de história.** São Paulo: Editora Nacional, 1989. Disponível em: <https://bdor.sibi.ufrj.br/bitstream/doc/434/1/385%20PDF%20-%20OCR%20-%20RED.pdf>. Acesso em: 10 jan. 2023.

LEAL, A. **Apontamentos para a história dos jesuítas no Brasil.** Brasília: Senado Federal, 2012.

LEÃO XIII, Papa. **Humanum genus.** Roma, 20 abr. 1884. Disponível em: <https://www.vatican.va/content/leo-xiii/pt/encyclicals/documents/hf_l-xiii_enc_18840420_humanum-genus.html>. Acesso em: 10 jan. 2023.

LEÃO XIII, Papa. **Immortale Dei.** Roma, 1 nov. 1885. Disponível em: <https://www.vatican.va/content/leo-xiii/pt/encyclicals/documents/hf_l-xiii_enc_01111885_immortale-dei.html>. Acesso em: 10 jan. 2023.

LEÃO XIII, Papa. **In plurimis.** Roma, 5 maio. 1888. Disponível em: <https://www.vatican.va/content/leo-xiii/it/encyclicals/documents/hf_l-xiii_enc_05051888_in-plurimis.html>. Acesso em: 10 jan. 2023.

LEÃO XIII, Papa. **Rerum novorum.** Roma, 15 maio. 1891. Disponível em:
<https://www.vatican.va/content/leo-xiii/pt/encyclicals/documents/hf_l-xiii_enc_15051891_rerum-novarum.html>. Acesso em: 10 jan. 2023.

LEITE, S. **Os jesuítas na Vila de São Paulo.** São Paulo: Departamento Municipal de Cultura, 1936.

MARTINA, G. **História da Igreja:** de Lutero a nossos dias. São Paulo: Loyola, 1996. (v. 2: A era do absolutismo).

MARX, K.; ENGELS, F. **A ideologia alemã.** Tradução de Luciano Cavini Martorano, Nélio Schneider e Rubens Enderle. São Paulo: Boitempo, 2007.

NABUCO, J. **Minha formação.** Brasília: Senado Federal, 1998.

NOGUEIRA, J. C. de A. **Antônio Conselheiro e Canudos.** 2. ed. São Paulo: Editora Nacional, 1978. (Coleção Brasiliana, v. 355). Disponível em: <https://bdor.sibi.ufrj.br/bitstream/doc/410/1/355%20PDF%20-%20OCR%20-%20RED.pdf>. Acesso em: 10 jan. 2023.

OLIVEIRA, V. M. G. de. **A maçonaria e os jesuítas.** Rio de Janeiro: Tipografia do Apostolo, 1875.

PAIVA, J. Os bispos do Brasil e a formação da sociedade colonial (1551-1706). **Texto de história,** v. 14, n. 1-2, p. 133-159, 2006. Disponível em: <https://www.periodicos.unb.br/index.php/textos/article/view/27891/23978>. Acesso em: 10 jan. 2023.

PATERNINA, E. **Vida del Padre Ioseph de Ancheta de la Compania de Iesus y Prouincial del Brasil.** Salamanca: En la Emprenata de Antonia Remirez Viuda, 1618. Disponível em: <https://digital.bbm.usp.br/bitstream/bbm/4673/1/014313_COMPLETO.pdf>. Acesso em: 10 jan. 2023.

PAULO MURY, Padre. **História de Gabriel Malagrida.** Lisboa: Livraria Editora de Mattos Moreira, 1875. Disponível em: <http://etnolinguistica.wdfiles.com/local–files/biblio%3Amury-1875-malagrida/historiadegabrie00mury.pdf>. Acesso em: 10 jan. 2023.

PERNOUD, R. **Os templários.** 2. ed. Lisboa: Publicações Europa-América, 1996.

PIO IX, Papa. **Quanta cura**. Roma, 8 dez. 1864. Disponível em: <https://www.vatican. va/content/pius-ix/it/documents/encyclica-quanta-cura-8-decembris-1864. html>. Acesso em: 10 jan. 2023.

PIO XI, Papa. **Ubi arcano**. Roma, 23 dez. 1922. Disponível em: <https://www. vatican.va/content/pius-xi/it/encyclicals/documents/hf_p-xi_enc_19221223_ ubi-arcano-dei-consilio.html>. Acesso em: 10 jan. 2023.

PRADO JÚNIOR, C. **A formação do Brasil contemporâneo**. 5. ed. São Paulo: Brasiliense, 1961.

RODRIGUES, A. M. M. **A Igreja na República**. Brasília, Câmara dos Deputados: Editora Universidade de Brasília, 1981.

RODRIGUES, J. H. **A pesquisa histórica no Brasil**. São Paulo: Ed. Nacional, 1978.

ROMANOWSKI, P. R. **Introdução à história moderna e contemporânea da Igreja católica**: uma trajetória das ideias da Santa Sé. Curitiba: InterSaberes, 2019.

ROPS, H. D. **A Igreja das revoluções** (II). São Paulo: Quadrante, 2006. (Coleção A história da Igreja de Cristo, v. IX).

SALLES, B. T. **A conquista do paraíso se faz pela guerra**: São Bernardo de Claraval e sua concepção acerca da luta e da cavalaria (1090- 1153). Dissertação (Mestrado em História) – Universidade Federal de Minas Gerais, 2008.

SEBASTIÃO LEME, Cardeal. Carta Pastoral, de 16 de julho de 1916. **Instituto Gratia**. Disponível em: <http://institutogratia.org/carta-pastoral-de-1916-cardeal-leme/>. Acesso em: 10 jan. 2023.

SILVA, J. A. da. **O movimento litúrgico no Brasil**: estudo histórico. Petrópolis: Vozes, 1983.

SOUSA, O. T. de. **História dos fundadores do Império do Brasil**. Brasília: Senado Federal/Conselho Editorial, 2015. (v. II. Tomo 2. D. Pedro I). Disponível em: <https://www2.senado.leg.br/bdsf/handle/id/528942>. Acesso em: 10 jan. 2023.

THOMAZ, J. **Anchieta**. Rio de Janeiro: Biblioteca do Exército, 1981.

VARNHAGEN, F. A. **História geral do Brazil antes da sua separação e independência de Portugal**. 2. ed. Rio de Janeiro: E. & H. Laemmert, 1877. Disponível em: <https://www2.senado.leg.br/bdsf/item/id/242428>. Acesso em: 10 jan. 2023.

VIANA, H. D. Pedro I e D. Pedro II: acréscimo às suas biografias. São Paulo: Companhia Editora Nacional, 1966. (Coleção Brasiliana, v. 330). Disponível em: <https://bdor.sibi.ufrj.br/bitstream/doc/378/1/330%20PDF%20-%20OCR%20-%20RED.pdf>. Acesso em: 10 jan. 2023.

VIEIRA, A. **Escritos históricos e políticos**. São Paulo: M. Fontes, 2002.

VIEIRA, C. **Anchieta**. São Paulo: Companhia Editora Nacional, 1949.

VIEIRA, D. R. **História do catolicismo no Brasil**. Aparecida: Santuário, 2021a. v. 1:1500-1889.

VIEIRA, D. R. **História do catolicismo no Brasil**. Aparecida: Santuário, 2021b. v. 2:1889-1945.

Bibliografia comentada

ALENCAR, F. L. **História da Igreja no Brasil.** Curitiba: InterSaberes, 2019.

Obra inovadora por trazer de maneira didática e sucinta os temas sobre a Igreja no Brasil. Partindo do Descobrimento até temas atuais como a CNBB, o livro apresenta informações pontuais e variadas sobre cada recorte histórico.

FERREIRA, T. L. **A Ordem de Cristo e o Brasil.** São Paulo: Ibrasa, 1980.

O texto de Ferreira apresenta informações interessantes sobre a maneira como as instituições portuguesas do período dos descobrimentos pensavam suas ações de navegação. A obra proporciona um panorama do imaginário dos atores históricos dos descobrimentos.

MARTINA, G. **História da Igreja:** de Lutero a nossos dias. São Paulo: Loyola, 1996. v. 2: A era do absolutismo.

O absolutismo e o Iluminismo são movimentos político-intelectuais que afrontaram o pensamento católico em todo o mundo cristão nos séculos XVII e XVIII. O pombalismo foi uma vertente desses movimentos, prática política que trouxe desafios à Igreja em nosso território. O livro de Martina trata de pontos importantes desse embate político-religioso em perspectiva mundial.

ROPS, H. D. **A Igreja das revoluções.** São Paulo: Quadrante, 2006. v. II.

Obra de grande erudição sobre o cristianismo, repleta de informações minuciosas sobre a história da Igreja durante o período das reformas protestantes. Rops traça um panorama da mentalidade dos agentes históricos desse recorte importante da cristandade.

VIEIRA, D. R. **História do catolicismo no Brasil.** Aparecida: Santuário, 2021. v. 1:1500-1889.

VIEIRA, D. R. **História do catolicismo no Brasil.** Aparecida: Santuário, 2021. v. 2:1889-1945

Dilermando Vieira é um dos autores mais importantes da historiografia sobre a Igreja no Brasil. Essa obra, organizada em dois volumes, explora a historiografia e as fontes de cada recorte específico, mantendo sempre uma análise que pondera cada ação dos membros da Igreja com a sua realidade. O leitor terá uma visão histórica ampla sobre a existência da Igreja no Brasil, sempre ilustrada por fontes específicas para delimitar cada problema, situação ou caso.

Capítulo 1
Atividades de autoavaliação
1. e
2. d
3. e
4. d
5. e

Capítulo 2
Atividades de autoavaliação
1. a
2. d
3. d
4. a
5. e

Capítulo 3

Atividades de autoavaliação

1. c
2. d
3. d
4. e
5. e

Capítulo 4

Atividades de autoavaliação

1. c
2. d
3. e
4. e
5. e

Capítulo 5

Atividades de autoavaliação

1. e
2. c
3. e
4. d
5. d

Capítulo 6

Atividades de autoavaliação

1. d
2. c
3. e
4. e
5. e

Sobre o autor

Paulo Roberto Romanowski é mestre, bacharel e licenciado em História pela Universidade Federal do Paraná (UFPR). Pesquisador da história medieval polonesa e da história da Igreja católica, é também autor da obra *Introdução à história moderna e contemporânea da Igreja católica*: uma trajetória das ideias da Santa Sé (Ed. InterSaberes, 2019).

Os papéis utilizados neste livro, certificados por instituições ambientais competentes, são recicláveis, provenientes de fontes renováveis e, portanto, um meio responsável e natural de informação e conhecimento.

Impressão: Reproset
Março/2023